Wolfgang Schnepper I Manfred Claßen

D-Jugend/ C-Jugend

www.fussball-taktik.info

über 100 effektive Übungen

Die Autoren:
Manfred Claßen, Jahrgang 1966,
1980-1983 mehrfacher Juniorenauswahlspieler,
er erhielt zu der Zeit ein Angebot des
Bundesligisten Bayer Uerdingen,
1984 komplizierte Sprunggelenksverletzung und
das Ende seiner aktiven Spielzeit,
Fußballabitur 1986 mit der Note "sehr gut",
Trainer 1992-1996 zusammen mit Diplom-Sportlehrer
Wolfgang Schnepper im Gesundheitsstudio in Willich
2004 bis heute Jugendtrainer, 2010 gründete er die
Informationsseite www.fussball-taktik.info

Wolfgang Schnepper, Jahrgang 1964, Diplomsportlehrer,
Ex-Bezirksligaspieler im Fußball,
1988-89 in der deutschen Triathlonspitze,
1990 Bayerischer Meister im Body-Building,
1998 Konditionstrainer im bezahlten Fußball

Bibliografische Informationen der Deutschen
Nationalbibliothek: Die Deutsche Nationalbibliothek
verzeichnet diese Publikation in der Deutschen
Nationalbibliografie; detaillierte bibliografische Daten sind
im Internet über http://dnb.d-nb.de abrufbar.

©2017 Manfred Claßen / Wolfgang Schnepper
Herstellung und Verlag: Books on Demand GmbH
Norderstedt
Satz und Layout: Manfred Claßen
Grafiken und Bilder: Manfred Claßen, coachfx
Covergrafik: © Bigstock

ISBN 978-3-7431-7807-6

 # Inhalt

Vorwort 8

Die D-Jugend 9
Die C- Jugend 16
Aufwärmen in diesen Jugendklassen 18

Aufwärmen / Einleitungsteil ohne Ball 19
    Spiegel-Laufen 19
    Kettenfangen 21
    Fußballspezifische Koordinationsübung
    mit Reifen 22
    Fangt die Diebe 23
    Hürdenlauf-Duell 24
    Diverse Wettläufe 26
    Koordinationsleiter-Wettlauf 28
    Fangspiel 30
    Sprinter ABC 31

Aufwärmen / Einleitungsteil mit Ball 36
    Quadratdribbeln 36
    Aufwärmen mit Dribbeln 37
    Topübung zum Techniktraining 38
    Völkerball 40
    Optimale Aufwärmübung mit Ball 41
    Liniendribbeln 42
    Kombinierte Dribbel- und Passübung.......43
    Raumpassen 44
    "3 gegen 1" und "5 gegen 2" 45

Inhalt

Rundpassen 46
3 gegen 3 mit einer festen Anspielstation 47
Zwei-Zonenspiel 48
Viereck mit Außenanspieler 50
Viereck mit Eckanspieler 51
Aufwärmen mit "Fußballtennis" 52
Fußbälle-Spiel 54
Übergeben / Übernehmen 55

Training / Hauptteil 58

Übungen zum Passen und Dribbeln
"5 gegen 2" mit Raumwechsel 58
Dribbelübung 1 60
Dribbelübung 2 61
Umschalten 62
Steigerung des Umschaltens 63

Kombinierte Übungen zum Dribbeln, Passen, Finten und Torschusstraining
Schnelligkeitsübung kombiniert mit Torabschluss 65
Parcourübung 67
Konterreihe Übung 1-6 68
Einfache Dribbelübung 72
Tempodribbling mit Torabschluss 73
Grundlagenschusstraining 75
Torschusstraining unter Bedrängnis I. / Grundlagenübungen 77

# Inhalt

Torschusstraining unter Bedrängnis II. /
Grundlagenübungen 79

Komplexe Üungen
Flügelspiel mit Torabschluss 81
Angriff über das zentrale Mittelfeld 82
Angriffstraining Übung 1-5 84
Angriff-Kontertraining Übung 1-4 90

Abschlussspiele
Handball-Kopfball-Volleyball 94
Abschlussspiele mit leichten taktischen oder
technischen Vorgaben 95
Komplexere Abschlussspiele
Zwei-Aufgabenspiel 98
Spiegelfußball 99
Konterabschlussspiel 100
Abschlussspiel mit Dribbelaktion 102
Geteilte Mannschaften 105
Nur Doppeltore zählen 108
Weitere Abschlussspiele 1-8 110
Hochkomplexe Abschlussspielreihe
Fußball-Kicker im Großformat ...120

Literaturverzeichnis 124

Vorwort

Vorwort

Dieses Buch entstand aufgrund der vielen Nachfragen auf unserer Homepage www.kinder-training.info. Das Autorenteam Diplom-Sportlehrer Wolfgang Schnepper und Manfred Claßen geben hier einen detaillierten Einblick in das Training der D- und C-Jugend.
Die Übungen werden dabei in drei Hauptkategorien eingeteilt:
Aufwärmprogramm / Einleitungsteil
Hauptteil
Abschlussspiele

Der Schwerpunkt liegt auf der Kategorie „Abschlussspiele".
Es werden viele Trainingsspiele mit unterschiedlichen taktischen oder technischen Vorgaben beschrieben, wobei der Schwierigkeitsgrad kontinuierluch ansteigt.
Fußball lernen durch Fußball, es werden also realistische Situationen, ähnlich wie in einem Wettspiel, im Training geschaffen.

Das Buch richtet sich an D- und C-Jugendtrainer, die noch keine bis mittlere Erfahrung im Bereich des modernen, kindgerechten Trainings gesammelt haben.

Wir wünschen allen Leserinnnen und Lesern viel Spaß bei der Lektüre und stets viel Erfolg im Sport.

Wolfgang Schnepper   Manfred Claßen

# Die D-Jugend

In diesem Alter befinden sich die Kinder bereits in der Vorpubertät oder Pubertät und der Trainer oder die Trainerin brauchen jetzt viel Fingerspitzengefühl, Empathie, Verständnis und Geduld.
Hatte man schon genügend Probleme mit den jüngeren Jahrgängen, geht es ab der D-Jugend erst richtig los.
Die Leistungsunterschiede sind zudem in diesem Alter extrem hoch. Manche Kinder sind retardiert (körperlich noch nicht altersgerecht entwickelt) oder akzeleriert (körperlich ihrem Alter weit voraus).
Diese Unterschiede legen sich in der Regel bis zur A-Jugend.
In der D-Jugend findet man nun häufig Kinder, die aufgrund ihrer körperlichen Überlegenheit wesentlich leistungsstärker sind als ihre Altersgenossen. Retardierte Techniker bleiben hier auf der Strecke und können im Spiel nicht viel ausrichten, obwohl sie die besseren Fußballer sind.
Genau dieser Sachverhalt ändert sich aber in den nächsten Jahren.
Die retardierten und technisch versierten kleinen Fußballer holen körperlich auf und entwickeln sich vielleicht zu den Hauptstützen und Spielmachern der Mannschaft.

Aber nicht nur das körperliche Erscheinungsbild der Kinder zeigt große Veränderungen und Unterschiede, nein, auch das Verhalten und die Charaktere verändern sich teilweise extrem:

Die Pubertät kündigt sich an.

 ## Die D-Jugend

Die Kinder/Jugendlichen werden manchmal etwas trotzig, sie wollen unabhängig und selbstständig sein.
Ja, sie halten sich sogar schon für „erwachsen".
Der Trainer oder die Trainerin sind keine Vorbilder mehr und die Kinder wollen nicht mehr werden wie die eigenen Eltern.
Die Kinder/Jugendlichen in der D-Jugend sind aber immer noch Kinder, die ihre Gefühle gerne verbergen und nach außen hin „stark" erscheinen wollen.
Das Zusammensein mit Gleichaltrigen ist für sie das „Größte", sie bauen sich in Gedanken eine eigene Welt auf und distanzieren sich von den Erwachsenen.
In dieser Phase sind die Kinder/Jugendlichen gelegentlich nur schwer zu ertragen.
Aber genau hier muss der Trainer oder die Trainerin ansetzen. Die jungen Fußballer sollten mit allen positiven Mitteln und Maßnahmen im Verein gehalten werden.
Die Mannschaft, der Verein, der Trainer, das Training und die Wettspiele lenken die Kinder von ihren Problemen ab, geben ihnen Rückhalt und halten sie nicht selten vom Rauchen, Alkohol trinken und Drogen ab.
In der heutigen Zeit gibt es viele Scheidungskinder, Kinder, die von ihren Eltern vernachlässigt werden oder Drogen- und Alkoholprobleme haben (sogar schon Zwölfjährige).
Viele Jugendliche rasten deswegen während des Trainings oder Wettspiels verbal oder auch manchmal körperlich aus.
Der Trainer hat die Aufgabe, diese Spieler solange es irgendwie möglich ist, zu beruhigen und zu integrieren.
Der Trainer oder die Trainerin darf hier Beleidigungen dieser Jugendlichen nicht persönlich nehmen (fällt manchmal sehr

# Die D-Jugend

schwer, wie wir aus eigenen Erfahrungen kennen) und sollte immer wieder das persönliche Gespräch suchen. Die Mannschaft, der Trainer und der Verein sind oft familiärer Ersatz für die jungen Fußballer. Sollten sie diese Anlaufstelle auch noch verlieren, können die Jugendlichen sehr „tief fallen".

Der Trainer oder die Trainerin hat nun die Aufgabe, diesen „Problemkindern" zu helfen und ihnen zu zeigen, wie wichtig sie für die Mannschaft sind.

Die Kinder / Jugendlichen brauchen nun häufig Erfolgserlebnisse und diese müssen im Training geschaffen werden. Hierin liegt die wichtigste Aufgabe für den Trainer oder die Trainerin.

Hierbei muss folgendes beachtet werden:

Exkurs: Psyche und Motivation

Bei Sportlern gibt es zwei unterschiedliche psychische Stereotypen und zwar den Athleten "Hoffnung auf Erfolg" und den Athleten "Angst vor Misserfolg".

Diese Erscheinungsformen können unterschiedlich stark ausgeprägt sein.

"Hoffnung auf Erfolg" kann so extrem vorhanden sein, dass der Fußballer viel zu eigensinnig und egozentrisch agiert.

"Angst vor Misserfolg" kann so stark ausgeprägt sein, dass der Fußballer keine Verantwortung und kein Risiko übernehmen will und den Ball so schnell wie möglich weiterspielt (nur Sicherheitspässe).

 # Die D-Jugend

Hier muss der Fußballtrainer unterschiedlich auf die jugendlichen Fußballer eingehen. Der Athlet "Angst vor Misserfolg" braucht einen konsequenten Aufbau des Selbstvertrauens. Der Spieler wird im Training mit Aufgaben beschäftigt, die ihm Verantwortung abverlangen. Hierfür gibt es unterschiedliche Aufgabenstellungen, z.B. darf dieser Spielertyp in einem Trainingsspiel als einziger weite Bälle schlagen, den Freistoß oder die Eckball treten, Einwurf ausführen oder einen Angriff abschließen.

Weiterhin können diese Jugendfußballer in Spielen gegen wesentlich schwächere Mannschaften mit Führungsaufgaben eingesetzt werden. Hier ist die Wahrscheinlichkeit eines Erfolgs wesentlich höher und das Selbstvertrauen wird gestärkt. Der Spieler bekommt beispielsweise bestimmte Aufgaben wie, "gehe an der Außenlinie an deinem Gegenspieler vorbei, laufe bei einem Konter mit nach vorne, bei einem Anspiel schließt du mit einem Torschuss ab, du schießt den Elfmeter, du spielst überwiegend lange Bälle usw." Der Athlet „Hoffnung auf Erfolg" muss bei zu egoistischem Spiel gebremst werden. Diese Situation kann allein schon durch ein Gespräch mit dem Trainer bereinigt werden.

Bei einem Scheitern wird der Jugendfußballer mit leichten Sanktionen belegt. Bei Trainingsspielen darf dieser Sportler immer nur maximal dreimal den Ball pro Anspiel berühren, er darf nicht auf das Tor schießen, keinen Einwurf oder Eckball ausführen oder keinen Gegenspieler austricksen.

 # Die D-Jugend

In einem Wettspiel kann dieser Fußballer z.B. nur mit Defensivaufgaben belegt werden (diese Maßnahme sollte allerdings bei einem offensiven Spieler maximal 15 Minuten betragen, denn wird zu lange gegen die Spielernatur agiert, verliert der jugendliche Spieler das Interesse am Fußball).

Spieler zusätzlich motivieren

Motivation ist zunächst eine geistige Energieform, die in die Praxis umgesetzt werden muss. Diese Umsetzung muss effektiv auf ein bestimmtes Ziel eingesetzt werden und die Aufrechterhaltung bleibt bis zur Erreichung des Ziels.
In der Regel sind die meisten Jugendlichen in Bezug auf ihre gewählte Sportart motiviert bis stark motiviert (Ausnahmen treten bei familiären Problemen, Alkohol- oder Drogensucht, Übergewicht usw. auf).
Der Trainer hat die Aufgabe, die Motivation zu erhöhen und in die richtige Richtung zu lenken. Der Motivationsfaktor wird durch die Auswahl der optimalen Trainings- und Übungsformen erreicht, d.h. langweiliges und monotones Aufwärmen oder immer das gleiche Schusstraining sind z.B. zu vermeiden.
Die Schwachpunkte der einzelnen Spieler sind zu analysieren und müssen individuell trainiert werden. Dies kann z.B. über ein Stationentraining erreicht werden. An den Stationen wird z.B. Einwurf auf Weite trainiert, Schusstraining, Eckballtraining, Kopfballtraining, Passtraining, Fintentraining, Ausdauertraining, Sprinttraining und vieles mehr.

 # Die D-Jugend

Die Spieler werden in Gruppen mit relativ gleichen spielerischen Defiziten aufgeteilt, und den entsprechenden Stationen zugeteilt. Nach einiger Zeit wird die Station gewechselt und dabei den Gruppen verstärkt die Übungen zugeteilt, in denen sie den größten Nachholbedarf haben.

Regeln für das D-Jugend-Training

1. Die Kinder/Jugendlichen sind hier nicht mehr in der Schule. Gib Ihnen soviel Freiraum wie möglich, Disziplin und Strenge, nur wie nötig. Die Freiräume müssen aber mit Deiner Aufsichtspflicht übereinstimmen. Auch nur ein kurzer Waldlauf, z.B. ohne Aufsicht, ist nicht zu verantworten.

2. Halte Dich mit langen Erklärungen zurück. Vermeide die Schulung komplizierter Taktiken und lange Reden. Die Kinder wollen trainieren und spielen, von langem Zuhören und Geschwätz hatten sie schon genügend in der Schule.

3. Früher gelernte Verhaltensregeln, die auch noch in der D-Jugend unabdingbar sind, werden konsequent übernommen und vom Trainer/in durchgesetzt (wie z.B. pünktliches Erscheinen, geputzte Schuhe und saubere Trikots zum Wettspiel, wir fluchen nicht).

4. Kinder / Jugendliche, die hin und wieder „ausrasten", werden nicht aufgegeben. Wir halten diese Fußballer so lange es eben geht im Team und im Verein.

 **Die D-Jugend**

5. Der Trainer oder die Trainerin darf Verhaltensweisen der Kinder nicht persönlich nehmen. Beleidigungen werden z.B. einfach überhört, abfällige Bemerkungen ignoriert (extreme Dinge werden allerdings angesprochen und geklärt).

6. Konflikte werden sofort geklärt, damit sich im Laufe der Zeit keine Aggressionen anstauen.

7. Der Trainer oder die Trainerin ist eine Autoritätsperson mit Vorbildfunktion. Du rauchst niemals am Sportplatz oder in der Öffentlichkeit (falls du ein Raucher bist), versuche möglichst nicht zu fluchen (Ausnahmen nimmt dir keiner übel), trinke keinen Alkohol vor den Kindern (zumindest nicht regelmäßig und schon gar keinen „Schnaps").
Sei möglichst immer pünktlich, die Kinder sollten deine Zuverlässigkeit bemerken.
Auch ist der Trainer nicht cool wie die Kinder. Wenn du versuchst wie die Kinder / Jugendlichen zu sein, finden sie das anfangs toll, mit der Zeit verlieren sie aber jeglichen Respekt.

8. Wenn du Fehler machst, erkläre sie den jungen Fußballern und gestehe sie ihnen ein. Die Kids werden dich dann noch mehr respektieren.
Hast du z.B. ein Kind ungerecht behandelt, dann entschuldige dich dafür. Hieraus lernen die Kids früher oder später, sich zu entschuldigen, wenn sie selber jemanden nicht korrekt behandelt haben.

 # Die C-Jugend

9. Der Trainer oder die Trainerin fordert immer eine faire Mannschaft und faire Spieler. Bei grobem Foulspiel wird der Spieler allerdings nicht angeschrien oder schwer getadelt. Die Angelegenheit wird in einem vernünftigen Gespräch geregelt und sich beim Gegenspieler entschuldigt.
Die jungen Fußballer werden auch stets dahin geführt, vor Schiedsrichtern höchsten Respekt zu haben.

Die C-Jugend

Das Kapitel „D-Jugend" gilt auch für die C-Junioren. Hier ist die Sache aber etwas komplexer und komplizierter, weshalb wir zusätzliche Informationen und Erklärungen geben müssen.

Bei Fußballspielern ab der C-Jugend besitzt der Trainer oder die Trainerin keine automatische Vorbildfunktion. Die Persönlichkeit der Führungsperson und ein motivierendes Training ist nun allein entscheidend.
Der Trainer/in muss in das gesamte Training einen hohen Spaßfaktor integrieren und trotzdem einen leistungsorientierten Fußball betreiben. Hierbei bleibt der Trainer oder die Trainerin nicht auf Distanz, die Spieler werden motiviert und für gute Leistungen gelobt.

Die C-Jugend

Trainer und Betreuer einer C-Jugendmannschaft sollten stets ruhig, vernünftig und geduldig reagieren. Auch ein hohes Maß an Spaßverständnis sind unabdingbar, denn die stark pubertierenden Jugendlichen sind oft müde, gestresst, abgelenkt und unterliegen negativen Einflüssen von Nikotin, Alkohol, Drogen, Medien usw. Sie haben Schwierigkeiten in der Schule, mit den Eltern oder der Freundin.
Bei C-Junioren ist es von höchster Wichtigkeit, dass kein Spieler bevorzugt wird. Alle Spieler müssen gleich gelobt werden, weil in diesem Alter sonst sehr schnell Neid und Eifersucht entstehen.
Weiterhin sind die Jugendlichen in diesem Alter nur wenig kritikfähig und wollen keine Schwächen zeigen.

Ein Bloßstellen oder starkes Kritisieren eines einzelnen Spielers vor der gesamten Mannschaft darf niemals erfolgen.

In schwierigen Fällen und Entscheidungen in Bezug auf einen Spieler sucht der Trainer/in lieber das sachliche Einzelgespräch.
Der Führungsstil eines erfahrenen Trainers ist also eher besonnen und leicht autoritär. Die Spieler haben aber immer ein Mitsprache- und Meinungsrecht, die letztendliche Entscheidungsautorität liegt aber immer beim Trainer oder der Trainerin. Schließlich tragen diese auch die volle Verantwortung für die Jugendlichen.
Getroffene Vereinbarungen sind in der Regel von Spielern und Trainern gleichermaßen einzuhalten.

 # Aufwärmen in diesen Jugendklassen

Aufwärmen in diesen Jugendklassen

Auch in der D- und C-Jugend kann man den Jugendlichen eine freie „Austobphase" gewähren. Hier beschäftigen sie sich einige Minuten vor dem Einleitungsteil des Trainings untereinander mit Bällen ohne jegliche Vorgaben. Maximalsprints und Schüsse mit voller Intensität sind allerdings nicht erlaubt. Bei Außentemperaturen unter 10 Grad Celsius muss ein Einlaufen von etwa 3 Minuten vorweggehen. Das entspricht zwar lediglich einer Laufstrecke von 300 bis 500 Meter, ist aber trotzdem von höchster Bedeutung.

Hierdurch erfolgt ein „Vorglühen" der Muskulatur auf eine ausreichende „Betriebstemperatur". Mit anderen Worten, die Entstehung von Mikrotraumen (kleinste Verletzungen und Risse in der Muskulatur) wird vermieden, und das kurz- und mittelfristige Auftreten von Muskelfaserzerrungen und -rissen verhindert.

Wir dürfen nicht vergessen, dass diese Altersklassen wesentlich athletischer als die E-Jugendlichen sind, und damit erstmals ein erhöhtes Verletzungsrisiko besteht.

Wie auch bei der E-Jugend achten wir in dieser Altersklasse auf ausreichend warme Trainingskleidung.

Trainerinnen und Trainer haben auch hier eine verantwortungsvolle Aufsichtspflicht gegenüber den Schutzbefohlenen.

Aufwärmen / Einleitungsteil ohne Ball

Spiegel-Laufen

Zunächst wird ein quadratisches Feld markiert (siehe Grafik auf der nächsten Seite), und Spielerpaare verteilen sich gleichmäßig im Feld. Die Paare stehen sich in etwa 1 Meter Abstand gegenüber.

Die Größe des quadratischen Feldes ist abhängig von der Anzahl der Spielerpaare. Bei vier Spielerpaaren ist es 20 x 20 Meter, bei fünf bis sechs Paaren 30 x 30 Meter und ab sieben Paaren 35 x 35 Meter groß.

Ablauf:
Ein Spieler der Zweiergruppe macht diverse Laufübungen, Sprünge oder Drehungen vor.
Der Partner kopiert die Übungen spiegelbildlich, und hält dabei den Abstand zum Mitspieler ein (z.B.: springt ein Spieler nach rechts, springt der Partner logischerweise nach links). Damit keine Langeweile aufkommt, wird der Aufgabenbereich dieser Übung schon nach ein bis zwei Minuten gewechselt.

Variation:
Im Anschluss wird die Übung mit Ball wiederholt.

Aufwärmen / Einleitungsteil ohne Ball

Grafik Spiegel-Laufen:

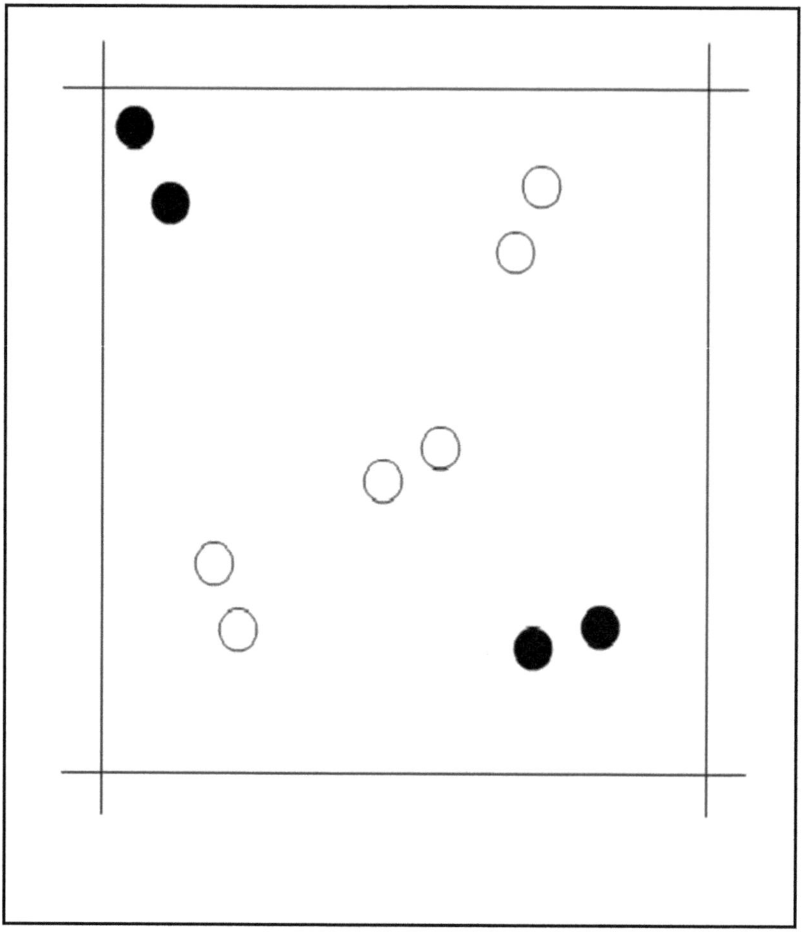

Aufwärmen / Einleitungsteil ohne Ball

Kettenfangen

Übungsaufbau und Ablauf:
Es wird ein nicht zu großes Viereck abgesteckt. Ein Spieler ist der Fänger.

Die Spieler verteilen sich in dem Viereck. Der Fänger versucht einen Spieler zu fangen. Gelingt dieses, gibt es 2 Fänger, die sich an der Hand halten müssen, um den nächsten Spieler zu fangen. Die Kette wird immer größer bis der letzte Spieler gefangen ist.

Grafik Kettenfangen: Buch: Bambini/F-J.20 Übungen, Seite30

Aufwärmen / Einleitungsteil ohne Ball

Fußballspezifische Koordinationsübung mit Reifen

Es wird zunächst ein Reifenparcour wie in der unteren Abbildung dargestellt, aufgebaut. Zwei Mannschaften werden gebildet, die sich jeweils hintereinander stellen.
Ablauf: Die Spieler jeder Mannschaft laufen in ihrem Reifenparcour auf der rechten Seite durch die Reifen und auf der anderen Seite zurück. Hierbei gibt der Trainer oder die Trainerin koordinative Aufgaben vor (z.B. ein bis vier Kontakte pro Reifen, zwei Reifen vor und einer zurück usw.).
Natürlich wird das Ganze auch in Wettkampfform durchgeführt.

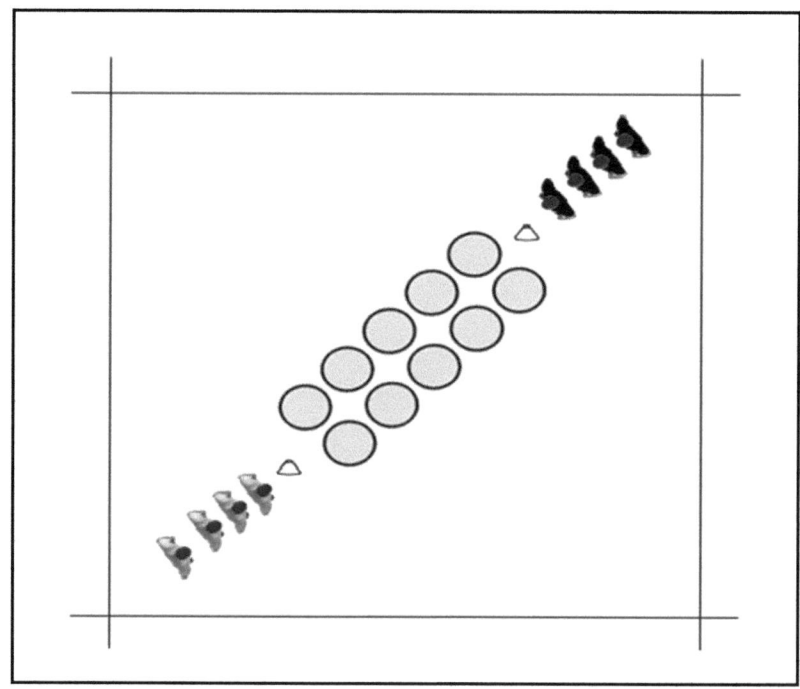

Aufwärmen / Einleitungsteil ohne Ball

Fangt die Diebe

Übungsaufbau und Ablauf:

Es werden 2 oder 3 Kinder als Polizisten ausgewählt. Diese Kinder bekommen ein Leibchen. Die restlichen Kinder sind Diebe. Mit vier Hütchen wird ein Gefängnis aufgebaut. Auf ein Trainerkommando versuchen die Polizisten die Diebe zu fangen. Hier reicht eine leichte Berührung und der Dieb muss ins Gefängnis gehen. Schaffen die Polizisten es, alle Diebe in einer vorgegebenen Zeit zu verhaften?

Aufwärmen / Einleitungsteil ohne Ball

Hürdenlauf-Duell

Es werden zwei Teams gebildet, die sich jeweils hintereinander aufstellen. Die beiden Mannschaften sind etwa 5 Meter parallel voneinander entfernt. Vor den Startläufern steht jeweils eine Pylone, gefolgt von mehreren Hürden. Die Höhe der Hürden ist unterschiedlich, und wird natürlich auch der Sprungkraft der jungen Athleten angepasst. Der Parcour wird für beide Teams gleich aufgebaut. Fünf Meter hinter der letzten Hürde wird wieder ein Markierungshütchen positioniert.

Ablauf:
Auf ein Startkommando laufen die jeweils ersten Spieler los, überspringen die Hürden, laufen um das hintere Markierungshütchen und sprinten außen an den Hürden vorbei zurück. Dann klatschen sie den zweiten Läufer ab, der erst jetzt loslaufen darf.
Welche Mannschaft hat zuerst alle Läufer im Ziel?

Variationen:
1. Es darf nur mit links abgesprungen werden.
2. Nur der beidbeinige Sprung ist erlaubt.
3. Der Wettkampf wird mit Ball durchgeführt.
4. Jetzt soll der Ball unter die Hürde gespielt werden, der Spieler soll darüber springen.

Aufwärmen / Einleitungsteil ohne Ball

Anmerkung:
Die Trainerin oder der Trainer kann hier die Hürdenlauftechnik vermitteln (der Sprung im „Pferdchengalopp" dauert etwa 0,1 s länger).
Mit dieser Technik können am Boden liegende Spieler schneller überwunden werden (hier liegt keine Unsportlichkeit oder ein Foul vor).

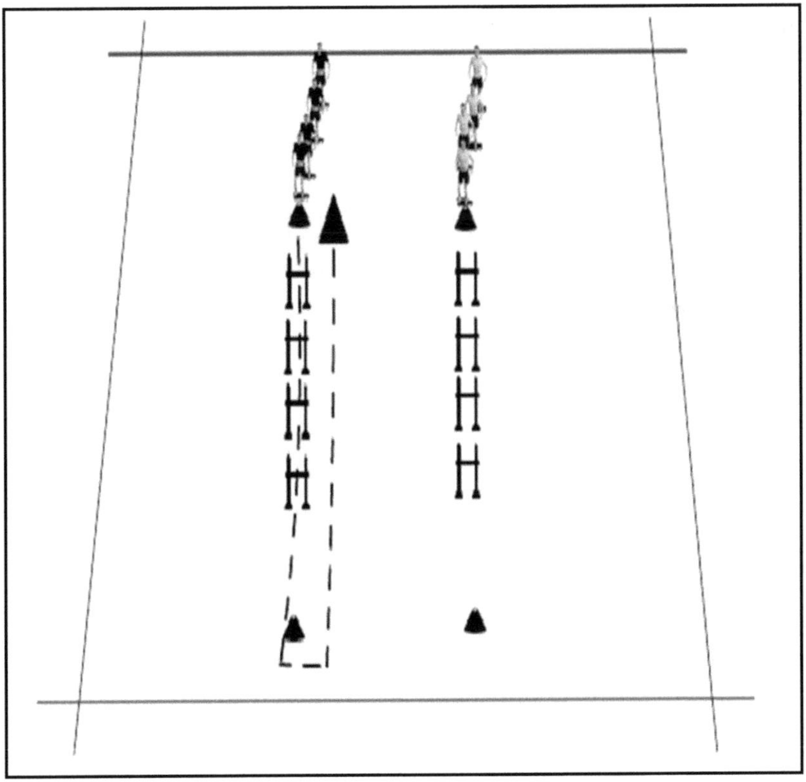

Aufwärmen / Einleitungsteil ohne Ball

Diverse Wettläufe

Die nächste Übung beinhaltet eine schöne Wettkampfübung in Staffelform. Sie ist für die Halle und auch den Sportplatz gut geeignet. Es werden zwei Gruppen gebildet, die etwa fünf Meter voneinander entfernt stehen. Die jeweiligen Gruppenmitglieder stehen kurz hintereinander in einer Reihe. Vor jeder Gruppe werden jeweils vier bis fünf Pylonen oder Fahnenstangen in einem Abstand von einem Meter in einer Reihe aufgestellt. Danach werden jeweils drei bis fünf Gymnastikreifen direkt in einer Reihe aneinandergelegt. Einige Meter dahinter wird wiederum jeweils eine Pylone oder Fahnenstange hingestellt.

Ablauf:
Die Startläufer jeder Gruppe laufen auf ein Startsignal hin Slalom durch die Pylonen oder Fahnenstangen, mit jeweils einem Fußaufsatz in die Gymnastikreifen weiter zur und um die letzte Pylone, und dann mit einem vollen Sprint zurück zum Start. Hier wird der nächste Läufer abgeklatscht, und rennt los mit der gleichen Aufgabe. Die Gruppe, die zuerst alle Sprinter wieder im Ziel hat, ist natürlich Sieger.

Variationen:
Beim nächsten Wettkampf müssen die Spieler einen Ball in den Händen tragen und im Ziel jeweils dem nächsten Kind übergeben, das erst dann wieder starten darf usw.

Aufwärmen / Einleitungsteil ohne Ball

Beim letzten Wettkampf wird der Schwierigkeitsgrad noch einmal wesentlich erhöht. Nun muss der Ball Slalom durch die Fahnenstangen gedribbelt werden. Dann wird er aufgehoben, und muss einmal in jeden Gymnastikreifen geprellt und wieder gefangen werden. D.h., der Ball wird einmal im ersten Reifen geprellt und gefangen. Nun stellt das Kind sich in den ersten Reifen, und prellt in den Zweiten. Jetzt stellt es sich in den Zweiten, und prellt in den dritten Reifen usw.

Nach dem letzten Gymnastikreifen wird der Ball auf den Boden gelegt, um die letzte Pylone oder Fahnenstange mit dem Fuß geführt, und dann zurück gedribbelt zum nächsten Läufer usw.

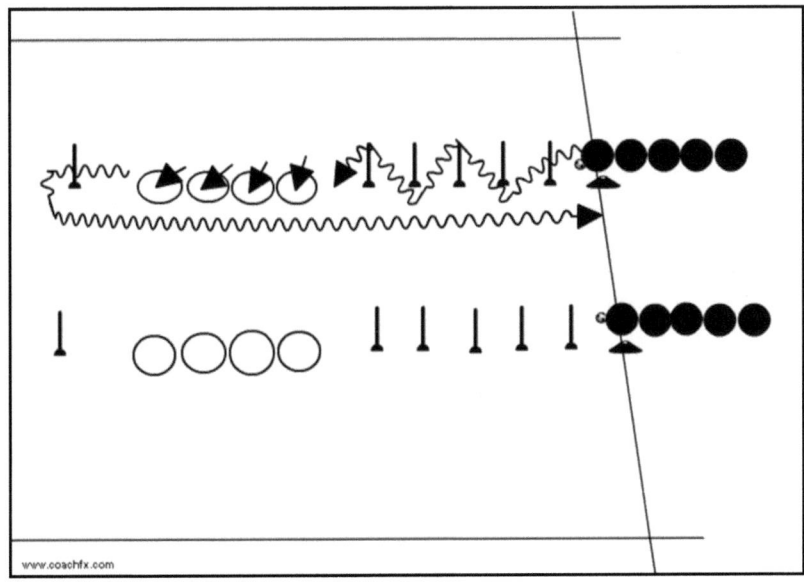

Aufwärmen / Einleitungsteil ohne Ball

Koordinationsleiter-Wettlauf

Es werden wieder zwei Gruppen gebildet, die etwa fünf Meter voneinander entfernt stehen. Die jeweiligen Gruppenmitglieder stehen kurz hintereinander in einer Reihe. Vor dem ersten Läufer steht ein Markierungshütchen, fünf Meter weiter die Koordinationsleiter und drei Meter dahinter wiederum eine Pylone (siehe Abbildung auf der nächsten Seite).

Ablauf:
Der Ablauf erfolgt wiederum in Wettkampfform. Auf Kommando laufen die ersten Läufer los, trippeln mit je einem Fußaufsatz durch die Felder der Leiter, sprinten um das hintere Hütchen, laufen an der Leiter vorbei und „klatschen" den Nächsten ab usw.

Variationen:
1. Zwei Bodenkontakte pro Feld
2. Drei Kontakte pro Feld
3. Vier Kontakte pro Feld
4. Zweimal zwei Bodenkontakte pro Feld vorwärts, einen Kontakt ein Feld rückwärts und wieder zwei Bodenkontakte pro Feld vorwärts usw.
5. Usw.

Aufwärmen / Einleitungsteil ohne Ball

Grafik: Koordinationsleiter-Wettlauf

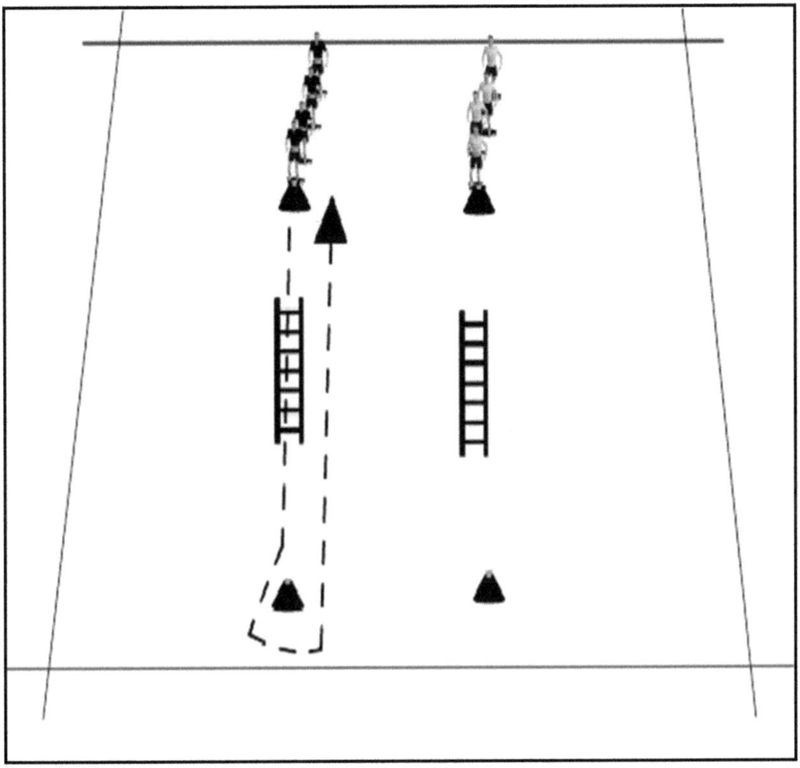

Aufwärmen / Einleitungsteil ohne Ball

Fangspiel

In einem 20 x 20 Meter großen Feld werden 3 Gymnastikreifen verteilt, und 2 – 3 Fänger bestimmt. Alle anderen Fußballer verteilen sich frei im Feld.

Ablauf:
Die Fänger sollen die Anderen abschlagen. Diese dürfen sich aber in einen Gymnastikreifen „retten". Hier zählt das Abschlagen nicht. Die Fänger dürfen die Reifen nicht bewachen, sondern müssen sich in diesem Fall davon entfernen. Die geretteten Spieler dürfen maximal 3 Sekunden im Reifen stehenbleiben.
Wird ein Spieler abgeschlagen, wechseln die Aufgaben.
Die praktische Erfahrung hat gezeigt, dass das Spiel auf 3 Minuten begrenzt werden sollte.

Aufwärmen / Einleitungsteil ohne Ball

Sprinter ABC

Mit dem Sprinter ABC können wir ein Aufwärmprogramm ohne Ball durchführen und gleichzeitig werden Grundschnelligkeit und Beschleunigungskraft mittrainiert. Es empfiehlt sich, diese Art von Aufwärmprogrammen bei relativ hohen Außentemperaturen einzusetzen, da hier kein vorhergehendes Einlaufen erforderlich ist.

Das Sprinter ABC ist auch Teil eines Aufwärmprogramms vor einem Wettspiel bei Profis wie Amateuren.

Hat der Trainer das Sprinter ABC mehrmals mit den Jugendlichen einstudiert, können sie es vollkommen selbstständig auf das Stichwort "Sprinter ABC" absolvieren.

Bei Sprintern gehen die Übungen des Sprinter ABC's über 20 - 40 Meter und jeweils 3 - 5 Wiederholungen pro Übung. Im Jugendfußball beschränken wir uns auf 20 Meter und jeweils drei Wiederholugen pro Übung. Nach einem Durchgang gehen die Spieler ganz langsam zum Ausgangspunkt zurück und beginnen mit der nächsten Wiederholung.

Ein regelmäßiges Durchführen (mindestens einmal pro Woche) verbessert die Lauftechnik wesentlich und damit die Schnelligkeit und die Beschleunigung.

Die Jugendlichen lernen die optimale Körperhaltung beim Sprint, auch in Bezug auf Körperstreckung und Ballenlauf.

Aufwärmen / Einleitungsteil ohne Ball

Sprinter-ABC

1. Fußballenlauf mit minimalem Knieheben:
Nur die Fußspitze wird aufgesetzt und die Fortbewegung ist langsam, die Knie werden nur minimal angehoben. Die Wiederholung der Bewegung variiert zwischen langsamer und maximaler Frequenz.

Aufwärmen / Einleitungsteil ohne Ball

2. Skipping:
Flacher Kniehebelauf mit submaximaler bis maximaler Frequenz

3. Kniehebelauf:
Maximales Anheben der Knie mit hoher Frequenz

Aufwärmen / Einleitungsteil ohne Ball

4. Anfersen:
Maximales Anheben der Ferse mit hoher bis maximaler Frequenz

5. Trippelschritte mit wechselseitigem Anreißen des Oberschenkels mit maximaler Geschwindigkeit:
Es erfolgen zum Beispiel 3 Trippelschritte, dann wird ein Oberschenkel ein bis dreimal angerissen (anderes Bein trippelt dabei weiter, Füße müssen ja weiterhin abwechselnd aufgesetzt werden), wieder 3 Trippelschritte und Beinwechsel beim Anreißen.

Aufwärmen / Einleitungsteil ohne Ball

6. wie zuvor, diesmal mit Ausschlagen des Unterschenkels:
Beim Anreißen des Beines wird zusätzlich der Unterschenkel nach vorne geschleudert.

7. Prellsprung:
Hopserlauf mit einem möglichst kurzen und kraftvollen Aufsetzen der Fußballen.

Aufwärmen / Einleitungsteil mit Ball

Quadratdribbeln

Es wird ein 20 x 20 Meter großes Quadrat markiert, in den Ecken nochmals ein 4 x 4 Meter großes Feld. Die Fußballer gemäß der Abbildung unten auf die Positionen verteilen.

Ablauf:
Der Spieler A dribbelt mit höchstem Tempo ins nächste kleine Quadrat, und stoppt hier den Ball mit der Sohle. Der Spieler B nimmt den Ball sofort auf, und dribbelt zu Spieler C usw.

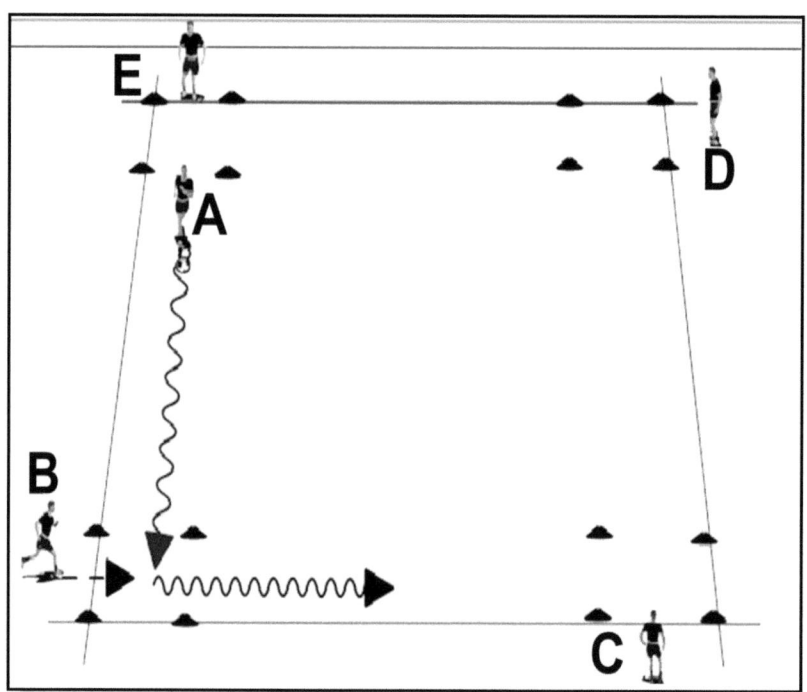

Aufwärmen / Einleitungsteil mit Ball

Aufwärmen mit Dribbeln

Es wird ein 20 x 20 Meter großes Quadrat markiert. Es werden mehrere Pylonen, Fahnenstangen und Gymnastikreifen gleichmäßig im Feld verteilt (nur Fahnenstangen oder Markierungshütchen sind natürlich auch möglich). Jeder Spieler bekommt einen Ball.

Ablauf:
Die Spieler sollen die Gegenstände im Feld an- und umdribbeln. Die Spielzeit sollte auf zwei Minuten begrenzt werden. Danach bietet sich eine spannende Variation an. Während des Dribbelns wird versucht, sich gegenseitig die Bälle wegzuspitzeln.

Aufwärmen / Einleitungsteil mit Ball

Topübung zum Techniktraining

Die nächste Übung ist eine elementare Technikübung, und sollte erst ab der älteren E-Jugend praktiziert werden.

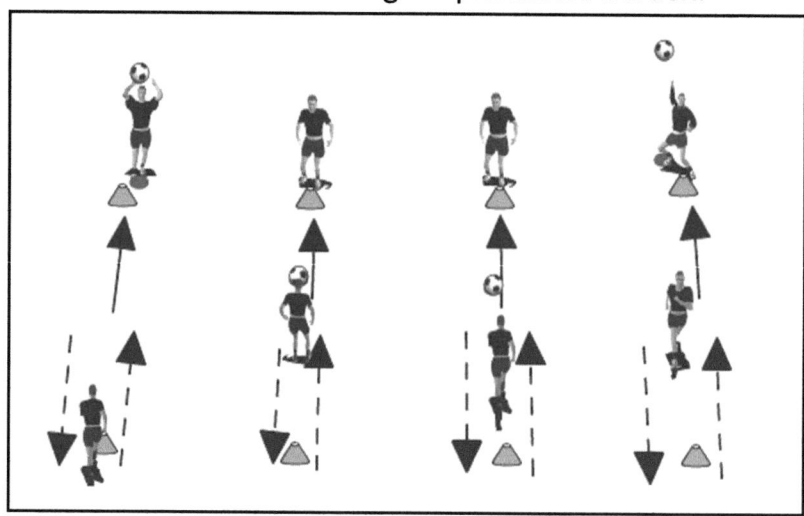

Nahezu jede der hier aufgeführten Schuss- und Kopfballtechniken kann mit dieser Übung trainiert werden.

Übungsaufbau:
2 Hütchen werden im Abstand von 15 bis 20 Metern aufgestellt. Jedes Hütchen wird mit einem Spieler besetzt. Eine Seite mit Ball, die andere ohne Ball.

Aufwärmen / Einleitungsteil mit Ball

Übungsablauf:

Der Spieler ohne Ball trabt in Richtung seines Übungspartners, der ihm den Ball, z.B. hüfthoch entgegenwirft. (Der Ball sollte so geworfen werden, dass er ca. 5 Meter vor dem Werfenden angenommen oder zurückgespielt werden kann.) Der Spieler ohne Ball spielt den Ball, in unserem Beispiel, direkt mit dem Innenriss zurück. Danach trabt er wieder in Richtung seines Hütchens und wendet an diesem. Jetzt läuft er wieder in Richtung seines Übungspartners und wiederholt die Übung 5 - 10 mal. Danach werden die Aufgaben getauscht. Hier können viele Techniken geschult werden mit je 5 - 10 Wiederholungen. Zwischen den einzelnen Übungen kann der Aufbau für einen Wettkampf genutzt werden. Hier startet ein Spieler (mit oder ohne Ball) in Richtung seines Übungspartners und wendet an dessen Hütchen. Danach läuft er wieder zurück und wendet am eigenen Hütchen.
Welches Team schafft in einer Minute die meisten Runden? Danach geht es mit der nächsten Technikschulung weiter.

# Aufwärmen / Einleitungsteil mit Ball

Völkerball

Die Feldgröße bestimmt sich aus Wurfkraft und Anzahl der Kinder. Am Anfang hat jede Mannschaft drei Werfer außerhalb des Feldes, je einer an der gegnerischen Grundlinie. Die Kinder, die abgeworfen wurden, gesellen sich zu den eigenen Werfern und dürfen mit abwerfen. Sind alle Kinder einer Mannschaft getroffen, müssen die drei Startwerfer ins Feld. Diese haben aber drei Leben, d.h. sie müssen dreimal getroffen werden, bevor sie ausscheiden. Die Mannschaft, die zuerst komplett abgeworfen wird, ist der Verlierer.

Bei diesem Spiel setzen wir nur sehr weiche Bälle (z.B. Schaumstoffbälle) ein, und erhöhen die Dynamik des Spiels mit einem Einsatz von zwei Bällen gleichzeitig.

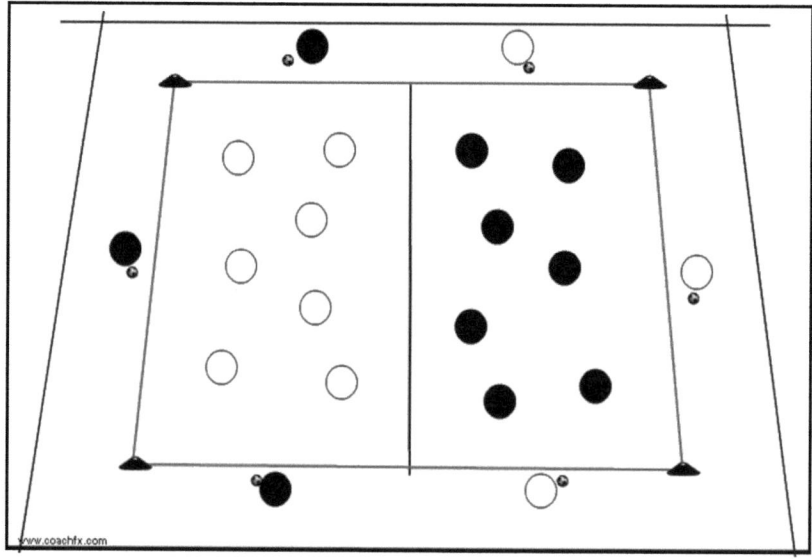

Aufwärmen / Einleitungsteil mit Ball

Optimale Aufwärmübung mit Ball

Es wird ein 25 x 25 Meter großes Feld markiert. Im Feld befinden sich 5 bis 8 Spieler. An den Seitenlinien verteilen sich die restlichen Spieler gleichmäßig (an den Seitenlinien sollten sich mindestens so viele Spieler befinden wie im Feld).

Ablauf:
Die Spieler dribbeln mit bestimmten Aufgaben durch das Feld, und sollen nach kurzer Zeit (ohne Kommando) zu einem der Spieler außerhalb des Feldes passen. Dieser dribbelt ins Feld, der Passgeber wechselt zur Außenposition usw.

Variation:
Die Spieler an der Seitenlinie agieren nur für den Doppelpass.

Aufwärmen / Einleitungsteil mit Ball

Liniendribbeln

Übungsaufbau und Ablauf: siehe Grafik
Die hellen Spieler versuchen ihre jeweilige Linie zu verteidigen. Die dunklen Spieler versuchen durch beide Linien zu dribbeln.
Gelingt dieses, gibt es 2 Punkte.
Wird nur eine Linie durchdribbelt, gibt es einen Punkt, sonst keinen. Nach einiger Zeit werden die Aufgaben gewechselt.
Welches Team bekommt die meisten Punkte?

Aufwärmen / Einleitungsteil mit Ball

Kombinierte Dribbel- und Passübung

Übungsaufbau und Ablauf: siehe Grafik
Es werden Paare mit jeweils einem Ball gebildet.
Der Spieler mit Ball dribbelt zum nächsten Hütchentor und passt dem mitgelaufenen Partner den Ball durch das Hütchentor zu.
Dieser dribbelt jetzt zum nächsten Hütchentor und passt den Ball wieder durch das Tor zum Mitspieler usw.

Aufwärmen / Einleitungsteil mit Ball

Raumpassen

Die Spieler werden in 3er-Gruppen eingeteilt (siehe untere Abbildung). Jedem Team entsprechend werden nebeneinander mehrere 6 x 6 Meter große Felder errichtet.

Ablauf:
Spieler A passt in das Rechteck, und läuft auf die andere Seite. Spieler B läuft gleichzeitig entgegen, nimmt den Ball im Quadrat an, und dribbelt auf die Position von A. Nun beginnt der Spieler C mit dem gleichen Pass in das Quadrat wie vorher A usw.
Die Spielzeit sollte auf etwa 3 Minuten begrenzt bleiben.

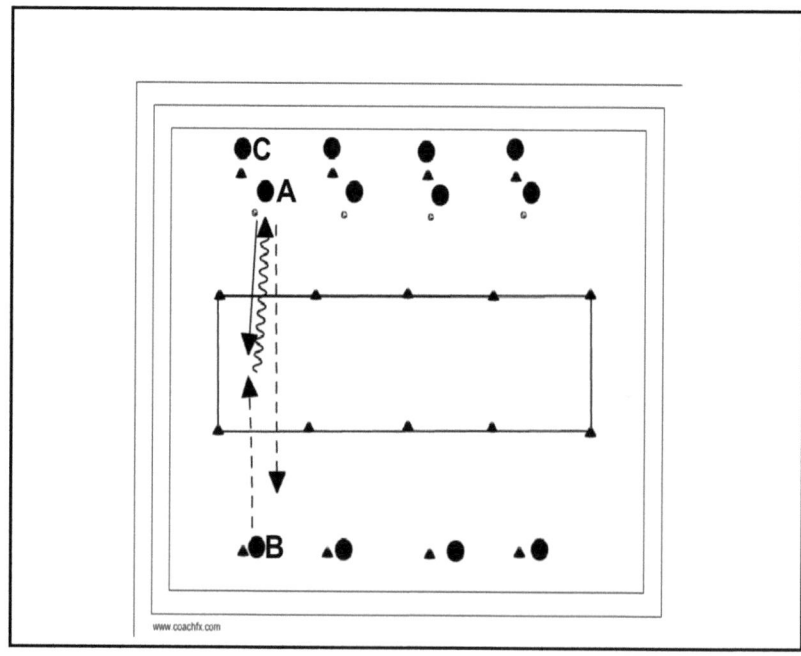

Aufwärmen / Einleitungsteil mit Ball

Variation:
Je besser diese Übung beherrscht wird, desto kleiner wird das Rechteck gewählt. Profis führen diese Übung mit einem Quadrat von 2 x 2 Meter durch.

"3 gegen 1" und "5 gegen 2"

Grundlagenübungen für die ganze Mannschaft sind das "3 gegen 1" und das "5 gegen 2". Beim "5 gegen 2" sollte darauf geachtet werden, dass die Spieler sich nicht nur auf die Ecken des Vierecks beschränken, sondern sich frei in dem Viereck bewegen. Dadurch werden die 3 Laufrichtungen ohne Ball trainiert. Beide Übungen bilden die Grundlage der Dreiecksbildung im Fußball.

3 gegen 1					5 gegen 2

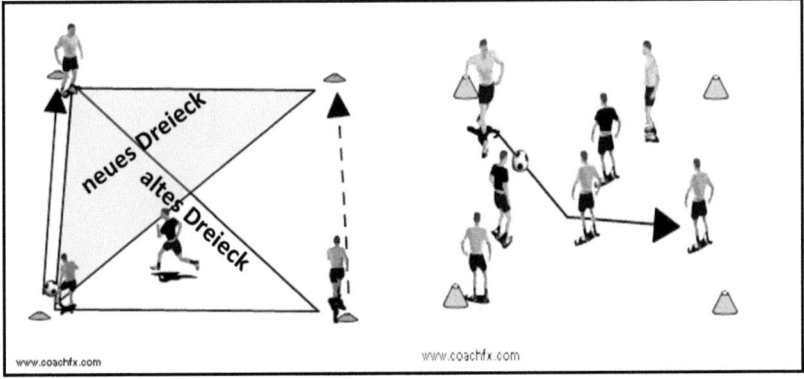

Aufwärmen / Einleitungsteil mit Ball

Rundpassen

Eine Mannschaft positioniert sich um den Mittelkreis. 3 - 4 Spieler befinden sich mit Leibchen im Mittelkreis.

Ablauf:
Die Mannschaft in großer Überzahl spielt gegen die Verteidiger im Kreis, und ist im Ballbesitz. Der Spieler, der einen Ballverlust bewirkt, muss mit seinen beiden Nachbarspielern in die Mitte. Die Verteidiger wechseln nach außen usw.

Variationen:
Es muss direkt gespielt werden oder ein zweiter Ball kommt ins Spiel.

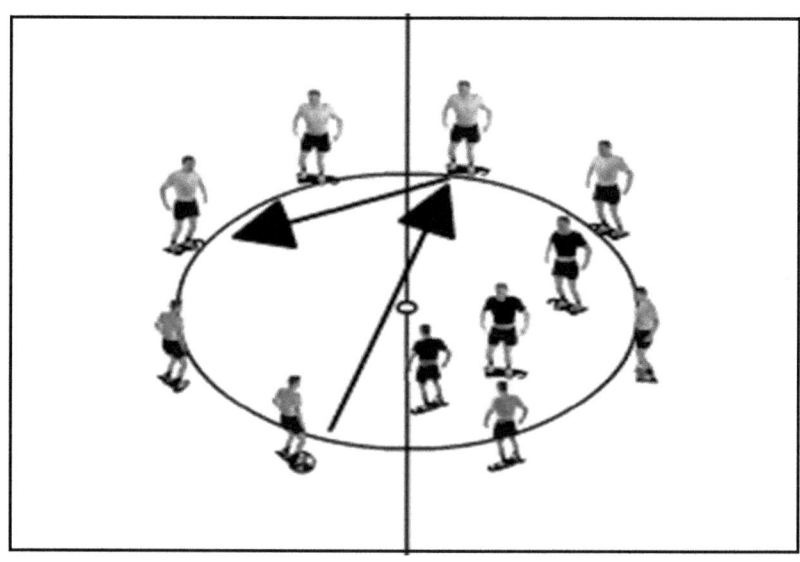

Aufwärmen / Einleitungsteil mit Ball

3 gegen 3 mit einer festen Anspielstation

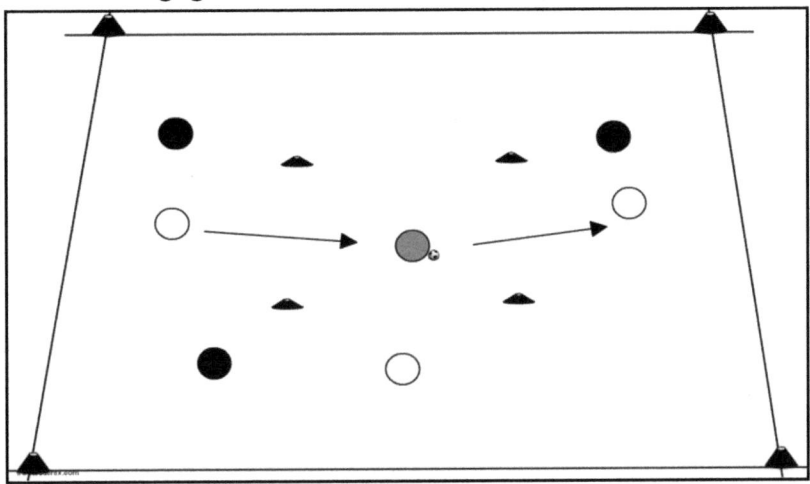

Übungsaufbau und Übungsablauf:

Im abgesteckten Viereck spielen 3 gegen 3. Das mittlere kleine markierte Viereck darf nur vom neutralen Spieler betreten werden. Bei jedem 2. Pass muss der neutrale Spieler angespielt werden. Pässe durch das mittlere Viereck sind nicht erlaubt, wenn der neutrale Spieler nicht angespielt wird. Zuerst 3 Ballkontakte, dann 2 und 1.

Aufwärmen / Einleitungsteil mit Ball

Zwei-Zonenspiel

Es wird ein 20 x 20 Meter großes Feld markiert, in der Mitte dieses Feldes ein weiteres mit 10 x 10 Meter (siehe Grafik auf der Folgeseite). Etwa 8 Spieler von Schwarz verteilen sich außerhalb des Großfeldes, 4 - 6 Spieler von Weiß in der mittleren Zone und 2 Spieler von Schwarz im inneren Feld.

Ablauf:
Es wird mit zwei bis drei Bällen gleichzeitig gespielt. Die Außenspieler von Schwarz sollen im Zusammenspiel in der äußersten Zone versuchen, einen ihrer Mitspieler in der innersten Zone anzuspielen. Weiß versucht die Anspiele ins Zentrum zu verhindern. Haben sie den Ball erobert, müssen sie den Ball allerdings wieder nach Außen spielen. Ist ein Spieler in der innersten Zone erfolgreich angespielt worden, soll er wieder einen Mitspieler im äußeren Feld anspielen. Auch das soll die mittlere Zone verhindern.
Die Aufgaben werden regelmäßig gewechselt.

Variation:
Es werden nur zwei Ballkontakte oder direktes Spiel erlaubt.

Aufwärmen / Einleitungsteil mit Ball

Grafik: Zwei-Zonenspiel

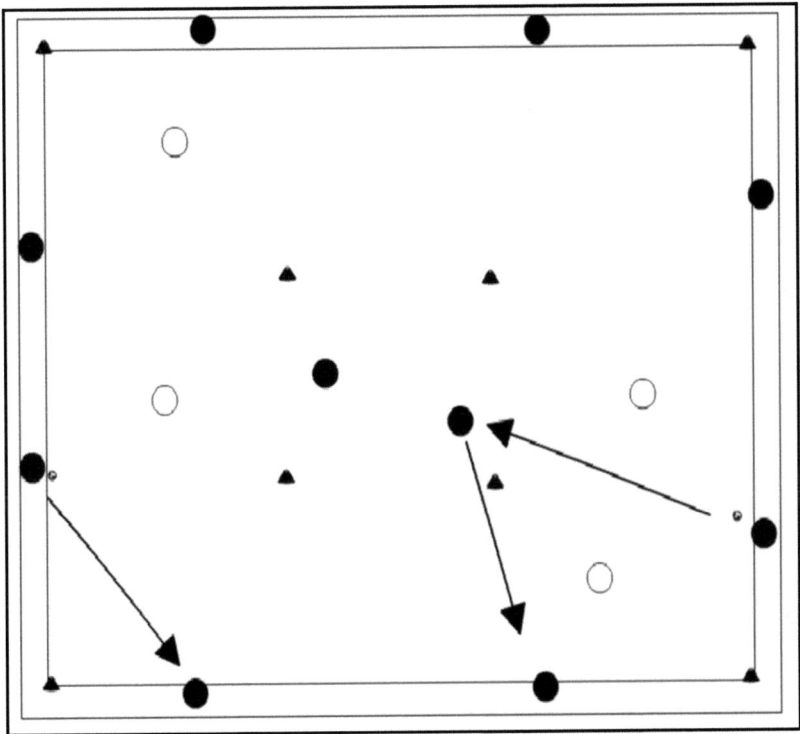

Aufwärmen / Einleitungsteil mit Ball

Viereck mit Außenanspieler

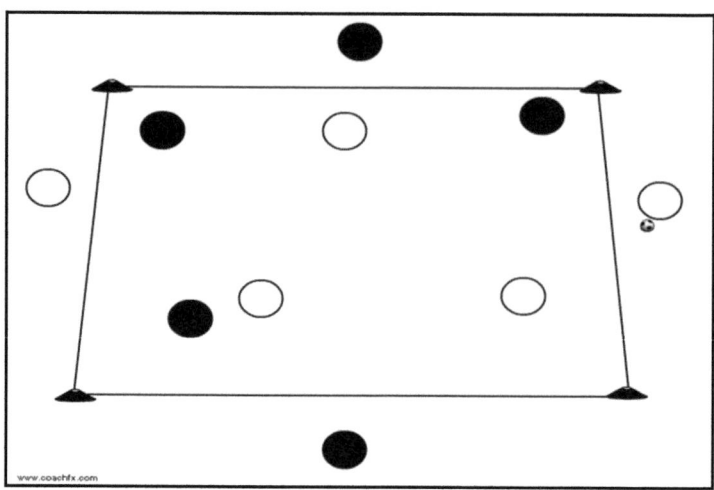

Übungsaufbau:
Ein Feld von etwa 20 x 20 m mit vier Hütchen abstecken. Im Viereck wird 2 gegen 2 oder 3 gegen 3 gespielt. An jeder Außenlinie stehen noch Spieler (je zwei Anspieler pro Team).

Übungsablauf:
Die Anspieler dürfen nicht ins Viereck laufen, dürfen aber auch nicht von den Spielern, die in der Mitte spielen, angegriffen werden. Sämtliche Spieler dürfen nur 2 Ballkontakte haben.
Die Aufgaben sollten hier öfter gewechselt werden.
Diese Übung eignet sich hervorragend, um das Spiel ohne Ball einzuüben. Hier ist es wichtig, dass der Trainer eingreift, wenn falsche Laufwege eingeschlagen werden oder zu risikoreiche Pässe gespielt werden.

Aufwärmen / Einleitungsteil mit Ball

Viereck mit Eckanspieler

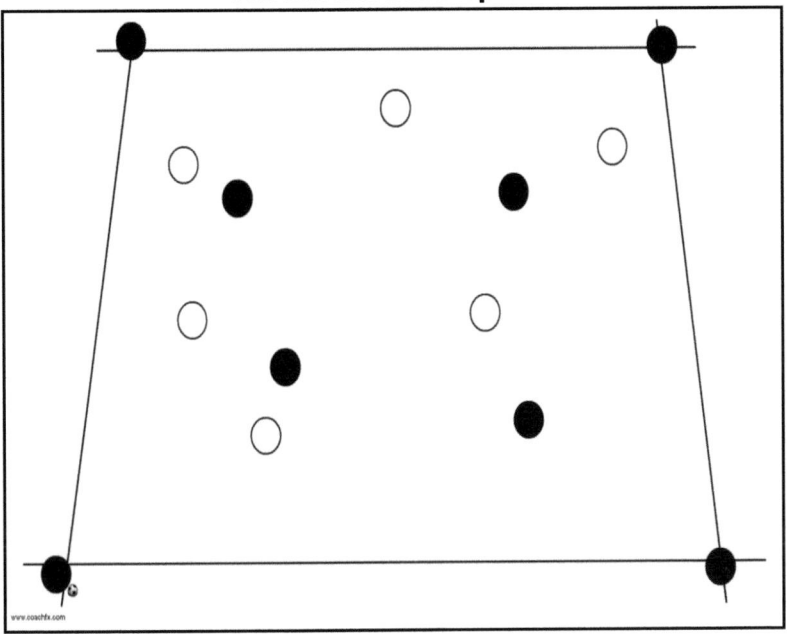

Übungsaufbau:
Ein großes Viereck wird abgesteckt. Es werden 2 Mannschaften gebildet. 4 schwarze Feldspieler und an den Ecken 4 schwarze Anspieler. Diese spielen gegen 6 weiße Spieler.

Übungsablauf:
Es wird auf Ballhalten gespielt, wobei die weißen Spieler nur 2 Ballkontakte haben dürfen. Die schwarzen Spieler wechseln regelmäßig ihre Positionen von Feldspieler zu Anspieler.

Aufwärmen / Einleitungsteil mit Ball

Aufwärmen mit „Fußballtennis"

Mit Pylonen werden zwei Spielfeldhälften von jeweils 8 – 12 m markiert. In der Mitte der beiden Spielfeldhälften wird z.B. eine Zauberschnur in etwa 1,60 m Höhe gespannt.
Eine Mannschaft besteht aus 3 – 5 Spielern. Ein Spieler beginnt hinten und außerhalb der Grundlinie mit einem Einwurf in das gegnerische Feld. Die Zauberschnur darf dabei nicht berührt werden und muss überworfen werden. Der Ball muss natürlich auch im gegnerischen Feld landen.
Kommt der Ball außerhalb des Feldes auf und wurde vorher von keinem Gegenspieler berührt, erhält die gegnerische Mannschaft einen Punkt und das Einwurfrecht.

Fliegt der Ball regelkonform in die andere Hälfte, gibt es folgende Spielmöglichkeiten:
- direktes Rückspiel
- Rückspiel nach einmaliger Bodenberührung des Balles
- direktes Abspiel zum Partner
- Abspiel zum Partner nach einmaliger Bodenberührung

Das Abspiel darf beliebig oft direkt oder indirekt erfolgen. Landet der Ball dabei außerhalb des Spielfeldes, berührt zweimal hintereinander den Boden oder wird außerhalb des gegnerischen Feldes befördert, erhält der Gegner den Punkt und den Einwurf. Rotiert wird dabei wie im Volleyball.
Der Ball muss die Zauberschnur immer oberhalb passieren und darf diese nicht berühren.

Aufwärmen / Einleitungsteil mit Ball

Vor einem Abspiel oder Rückspiel in das andere Feld dürfen die Spieler den Ball auch beliebig oft „hochhalten". Nach einem Bodenkontakt, darf aber der gleiche Spieler nicht wieder den Ball berühren.
Die weiteren Regeln dürften sich aus dem Kontext ergeben. Regeländerungen lassen hier auch der Phantasie freien Lauf. Gespielt werden kann beispielsweise bis 11 oder 15 Punkten und drei Gewinnsätzen.

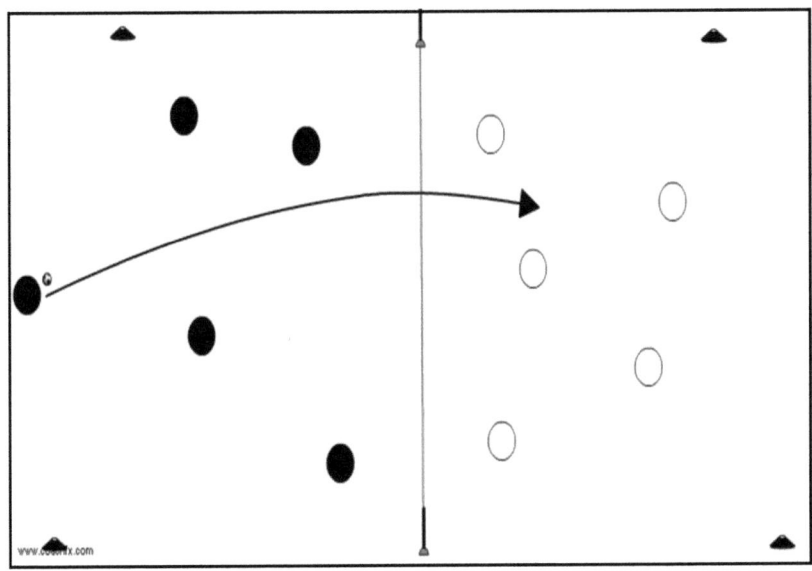

Aufwärmen / Einleitungsteil mit Ball

Fußbälle-Spiel

Es wird ein 30 x 25 Meter großes Feld abgesteckt. Auch 2 fünf Meter lange Endzonen mit je drei Minitoren werden aufgebaut (siehe untere Abbildung).
Nun werden zwei Mannschaften mit je 5 - 8 Spielern gebildet. Jedem Spieler wird ein bestimmter Gegenspieler zugeordnet.
In einem Team erhält jeder Spieler einen Ball, in der anderen Mannschaft niemand.

Ablauf:
Auf ein Kommando versuchen alle Spieler mit Ball, einen Treffer auf die gegnerischen Minitore zu erzielen. Die zugewiesenen Gegenspieler versuchen dies zu verhindern.
Ist der Ball eines Paares im Tor oder Aus, unterstützen beide Spieler ihre Mannschaftskollegen. Am Ende entsteht aus 1 gegen 1, ein 5 gegen 5. Ab diesem Zeitpunkt kann noch einige Minuten mit einem Ball weiter gespielt werden.

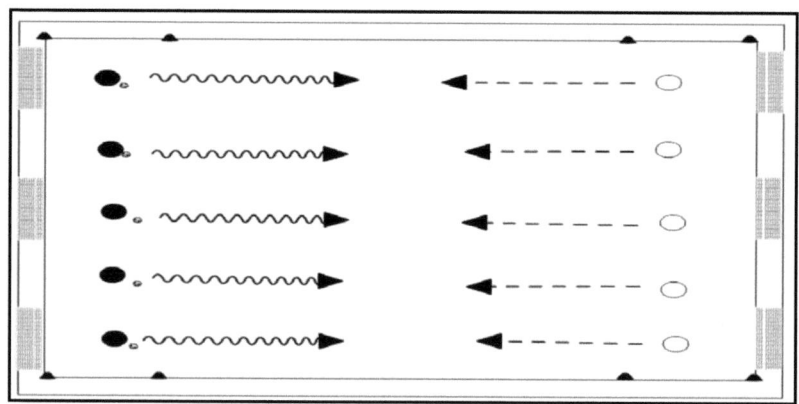

Aufwärmen / Einleitungsteil mit Ball

Übergeben / Übernehmen

Die ersten Durchgänge der unten beschriebenen Übung werden anfangs nur im lockeren Lauf (Aufwärmteil) durchgeführt, und erst danach im Tempodribbling. Auch die hier beschriebene Trainingseinheit kann in einer Saison mehrmals eingebaut werden.

Es werden jeweils zwei Hütchen mit einem Abstand von etwa 20 Metern aufgebaut. An jedem Hütchen stehen drei Kinder hintereinander, auf einer Seite hat jedes einen Ball.
Auf Kommando starten die ersten Kinder der Ballreihen mit einem Tempodribbling in Richtung des anderen Hütchens. Gleichzeitig starten die entsprechenden kleinen Fußballer von der anderen Seite entgegen. Ist ein Abstand von 2 – 3 Metern erreicht, erfolgt ein kurzer Pass zum Mitspieler. Dieser dribbelt nun weiter zum anderen Hütchen und stellt sich dort wieder an. Jetzt starten die nächsten Spieler usw.

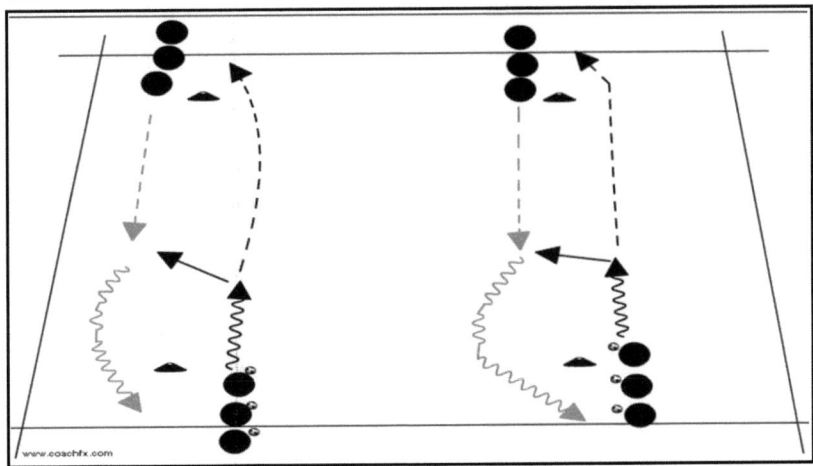

# Aufwärmen / Einleitungsteil mit Ball

Variationen:

Danach erfolgt die gleiche Übung, aber diesmal wird der Ball nur ganz kurz vor dem Mitspieler einfach „liegengelassen", der Partner versucht den Ball mit hoher Geschwindigkeit, kontrolliert und dribbelnd, mitzunehmen.

Als Nächstes wird der zuerst Ballführende rechts parallel von einem Gegenspieler (nur leicht aktiv und störend) begleitet. Der Ball wird wieder kurz vor dem Mitspieler „liegengelassen" (natürlich kommt der Partner von der anderen Seite, damit er nicht mit dem Gegenspieler kollidiert). Der Partner versucht wieder den Ball mit hoher Geschwindigkeit, kontrolliert und dribbelnd, mitzunehmen.
Zum Abschluss dieser Übungsreihe wechseln Gegenspieler und übernehmender Mitspieler die Laufseiten.

Die gleiche Übungsreihe erfolgt nun etwa 18 Meter vor dem Tor (siehe Skizze auf der nächsten Seite). Die Spieler laufen also parallel zur Torlinie aufeinander zu. Der ballübernehmende Spieler schließt dann mit einem Torschuss aus einer Torentfernung von etwa 15 Metern (Innenspannstoß) ab.
Der Trainer achtet darauf, dass jeder Spieler in den verschiedenen Rollen agiert (Ballübergeber/Ballübernehmer mit Torschuss/Verfolger in der letzten Übungsreihe).

Aufwärmen / Einleitungsteil mit Ball

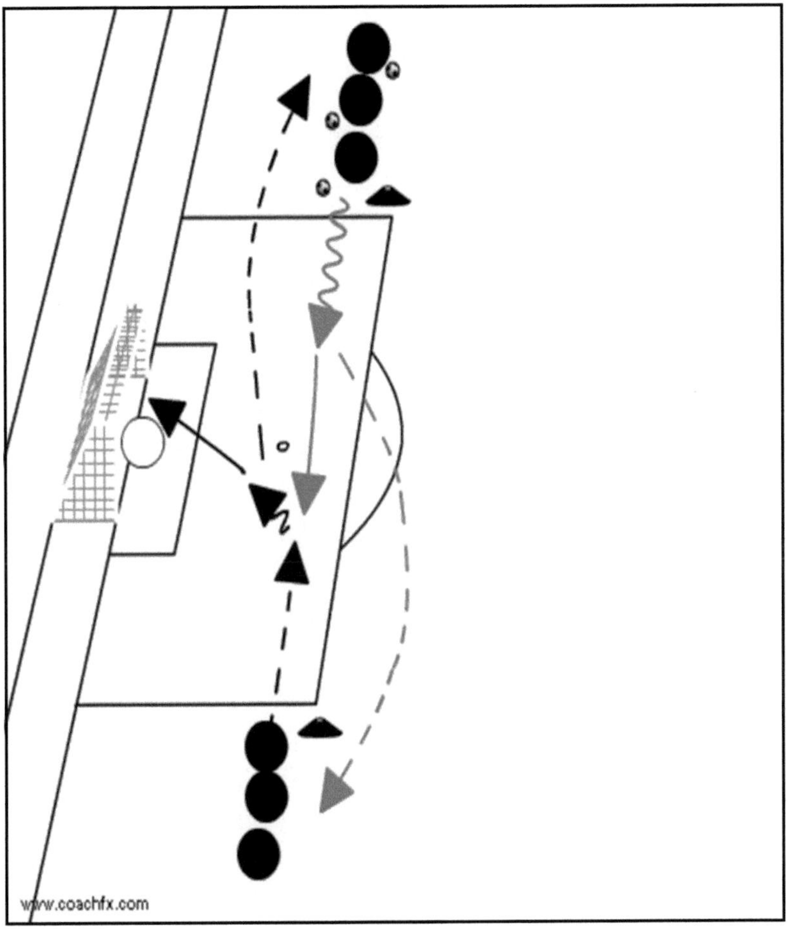

Training / Hauptteil

Übungen zum Passen und Dribbeln

5 gegen 2 mit Raumwechsel

Es wird ein 30 x 20 Meter großes Feld errichtet, und in der Mitte geteilt (siehe Abbildung auf der nächsten Seite). In einer Hälfte spielen 5 gegen 3, 7 gegen 3 oder 8 gegen 3.

Ablauf:

Nach 5 Ballkontakten der Überzahlmannschaft (nur Pässe zählen als Kontakt) dribbelt einer der Spieler ins benachbarte Feld. Alle anderen Spieler folgen sofort. Fängt einer der Spieler in Unterzahl den Ball ab, darf er in die andere Mannschaft wechseln (Spieler mit dem Fehler aus der Überzahlmannschaft wechseln natürlich ins andere Team). Wird der Ball ins Aus gespielt, geht es ganz normal mit einem Einwurf weiter.

Variation:

Es werden nur zwei Ballkontakte oder Direktspiel eines einzelnen Spielers pro Ballannahme erlaubt.

Training / Hauptteil

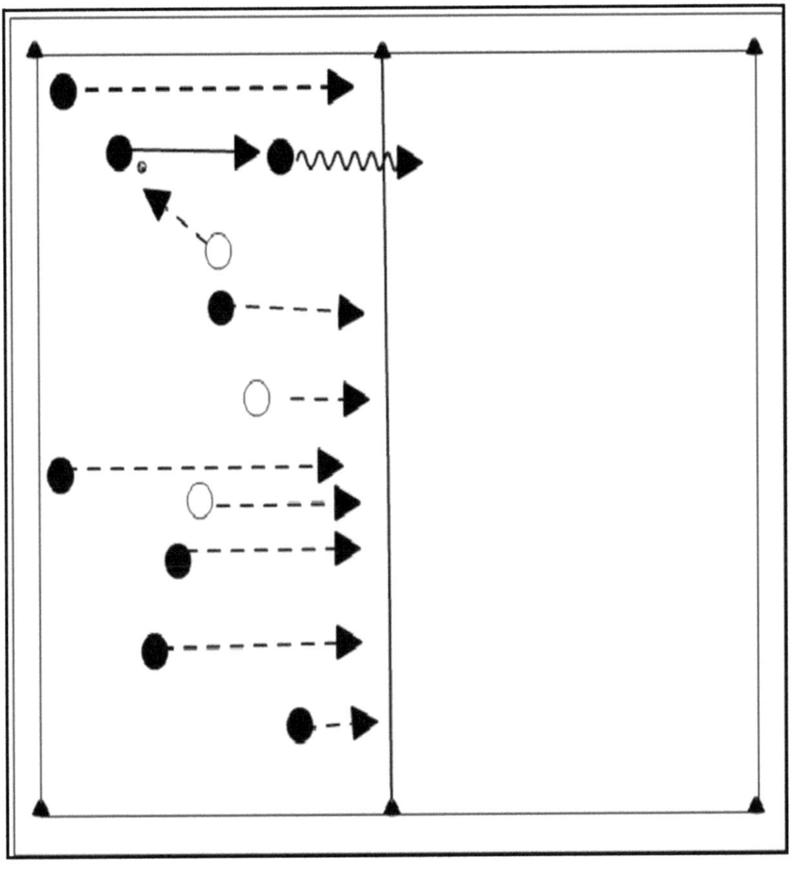

 **Training / Hauptteil**

Dribbelübung 1

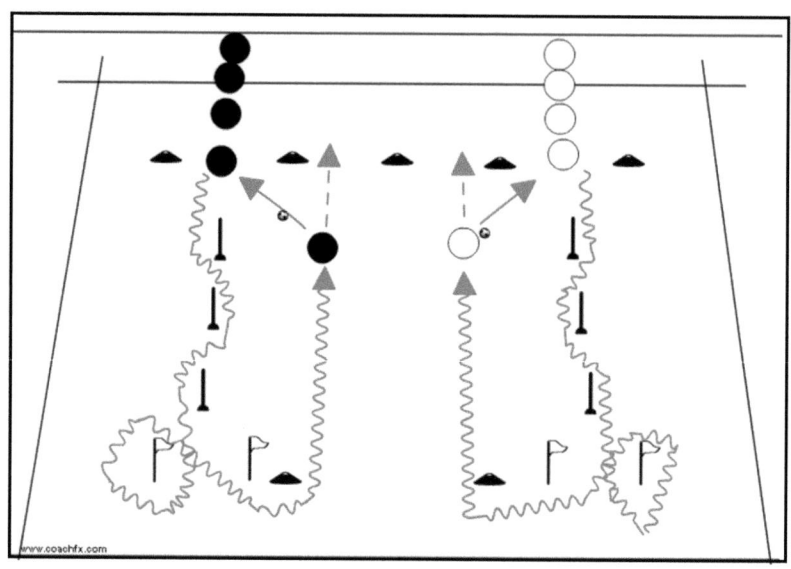

Bei dieser Übung wird ein Dribbelwettkampf durchgeführt. Es werden zwei Mannschaften gebildet. Auf ein Startkommando laufen die Startläufer mit Ball los, durchdribbeln die Stangen. Dann durchlaufen sie das Tor innen (weiße Fahnen), umrunden die ausgewählte Fahne, müssen außen um die Pylone und dürfen jetzt zurückdribbeln oder passen. Der Ball darf erst zum nächsten Spieler gepasst werden, wenn sich der ballführende Spieler auf Höhe der letzten Stange befindet. Bei einem ungenauen Pass kann hier also Zeit verloren gehen. Die Mannschaft, die als Erste ihren letzten Dribbler mit Ball über die Startlinie bekommt, ist natürlich Sieger.

 **Training / Hauptteil**

Dribbelübung 2

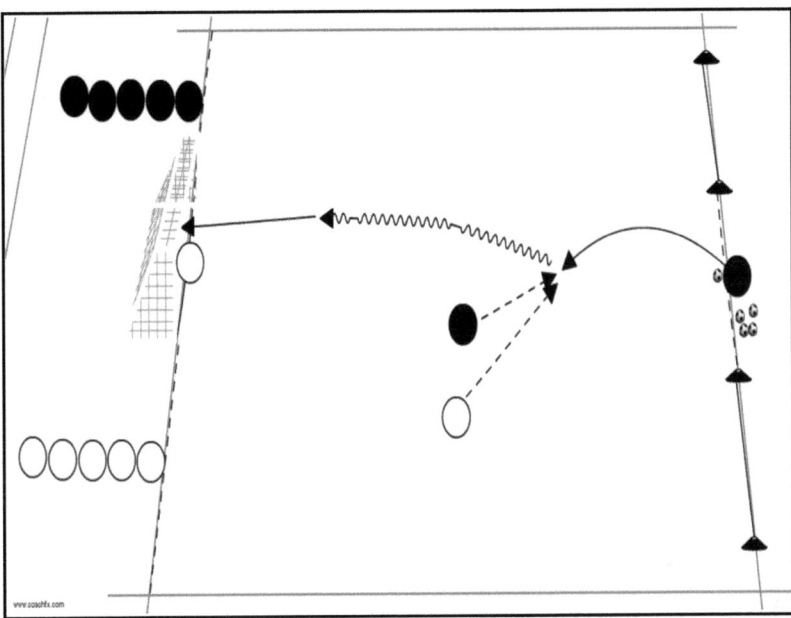

Bei dieser Übung passt Spieler A zu Spieler B, dieser dribbelt mit dem Ball zu der Position von Spieler A und übergibt dem dem nächsten Spieler den Ball und stellt sich dort hinten an. Spieler A durchläuft die Fahnenstangen im Slalom mit höchster Geschwindigkeit und stellt sich auf der anderen Seite an usw.

Training / Haupttteil

Umschalten

Die folgende Übung trainiert hervorragend das schnelle Umschalten von Angriff auf Abwehr und umgekehrt für den Mittelfeldbereich. Es wird ein Feld abgesteckt von 30 – 40 Metern Länge und 15 – 20 Metern Breite. Das Feld wird in drei gleich große Bereiche gedrittelt.

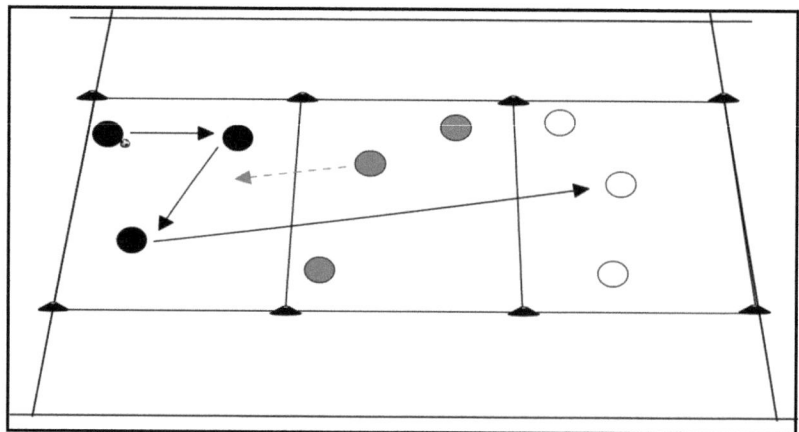

Es werden nun drei Dreierteams gebildet, die sich wie auf dem Bild dargestellt, verteilen. Die Mannschaft in der Mitte spielt gegen die beiden äußeren Teams. Ein äußere Mannschaft ist in Ballbesitz, und spielt sich im eigenen Feld die Bälle zu. Ein Verteidiger der mittleren Mannschaft darf nun in dieses Feld laufen und versucht, den Ball zu bekommen oder ins Aus zu befördern. Die Mannschaft in Ballbesitz darf den Ball jetzt aber auch zu den Mitspielern im zweiten äußeren Feld flach oder hoch passen. Die beiden anderen Spieler in der Mitte sollen diesen Pass aber abfangen.

Training / Hauptteil

Gelingt der weite Pass, kehrt der Verteidiger in die Mitte zurück und ein anderer Verteidiger attackiert die andere Außenseite, und das Spiel geht mit den gleiche Spielregeln weiter. Gelingt den Verteidigern eine Balleroberung oder sie können den Ball ins Aus befördern, wechselt die mittlere Mannschaft in ein äußeres Feld. Die äußere Mannschaft, die den Ball verloren hat, muss nun in der Mitte verteidigen usw.

Steigerung des Umschaltens

Es wird ein 15 x 15 Meter großes Feld in 9 Quadrate unterteilt (siehe Abbildung auf der nächsten Seite). In jedem Quadrat befinden sich 2 Spieler mit unterschiedlicher Farbe der Leibchen von zwei Mannschaften insgesamt. Pro Mannschaft ist ein Ball im Spiel.

Ablauf:
Die Spieler passen den Ball von Quadrat zu Quadrat, und dürfen natürlich nur ihre Mitspieler anspielen. Danach bewegen sie sich wieder frei durch ihr Feld und bieten sich zum nächsten Zuspiel an.

Variationen:
Es wird auf drei Mannschaften erhöht, also pro Feld auch drei Spieler und / oder nur Direktspiel wird erlaubt.

Training / Hauptteil

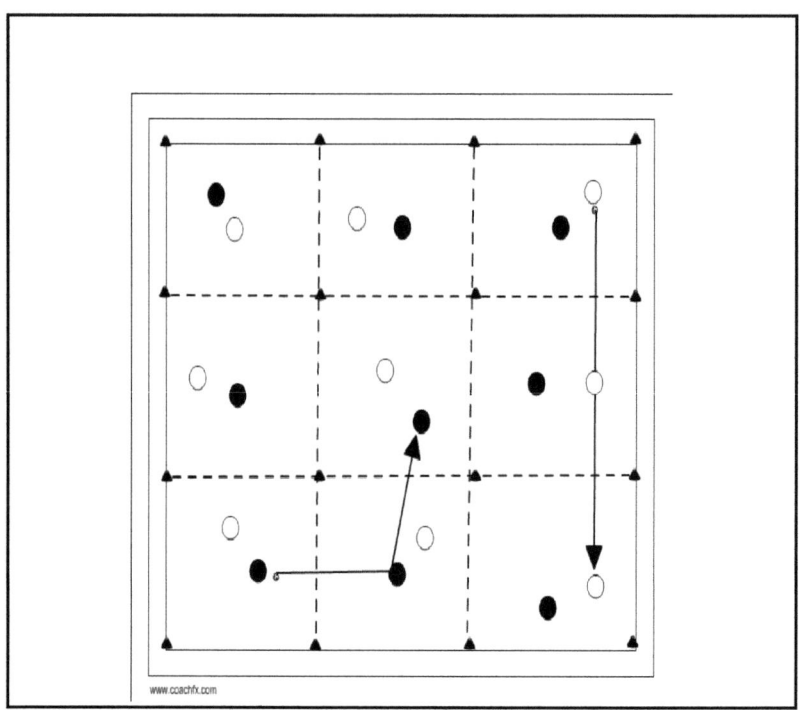

Kombinierte Übungen zum Dribbeln, Passen, Finten und Torschusstraining

Die folgenden Übungen sollten einschließlich den Abschlussspielen, 50 - 70 Prozent eines Trainings ausmachen, d.h. fußballspezifisches Training auf höchstem Niveau.
Wir beginnen mit einfachen Übungen, und steigern immer mehr zu komplexeren.

Training / Hauptteil

Schnelligkeitsübung kombiniert mit Torabschluss
(siehe Abbildung auf der Folgeseite)

Ablauf:
Die Jugendlichen stehen an der Mittellinie zentral vor dem Tor mit Torwart hintereinander in einer Reihe. Der Erste läuft an und beschleunigt submaximal (keine volle Beschleunigung), so dass er erst nach 20 Metern die höchste Laufgeschwindigkeit erreicht (bei voller Beschleunigung erreicht diese Altersgruppe die Höchstgewschwindigkeit schon nach 15 Metern).

Die 20 Meter sind mit einem Pylonenpaar (parallel mit zwei Meter Abstand) markiert. Hier erreicht der Läufer seine Höchstgeschwindigkeit und hält diese über 15 Meter, dann durchläuft er ein zweites Hütchenpaar (gleich aufgestellt, etwa 15 Meter vom ersten Hütchenpaar entfernt), reduziert die Geschwindigkeit etwas und bekommt vom Trainer den Ball in den Lauf gespielt. Der Fußballer soll nun den Ball mit dieser hohen Laufgeschwindigkeit verarbeiten, annehmen, kontrolliert vorlegen und mit einem wuchtigen Torschuss aus 16 Meter abschließen (je nach Schussstärke).

Nach diesem Torschuss startet der nächste Läufer, der Schütze befördert den geschossenen Ball wieder zum Trainer und stellt sich hinten in der Schlange wieder an.

# Training / Hauptteil

Ist der Startläufer wieder an der Reihe, unterbricht der Trainer kurz und erklärt, welche Fehler gemacht wurden oder was noch besser gemacht werden kann (hier wird dann auch eine minimale Pausenlänge von zwei Minuten garantiert).

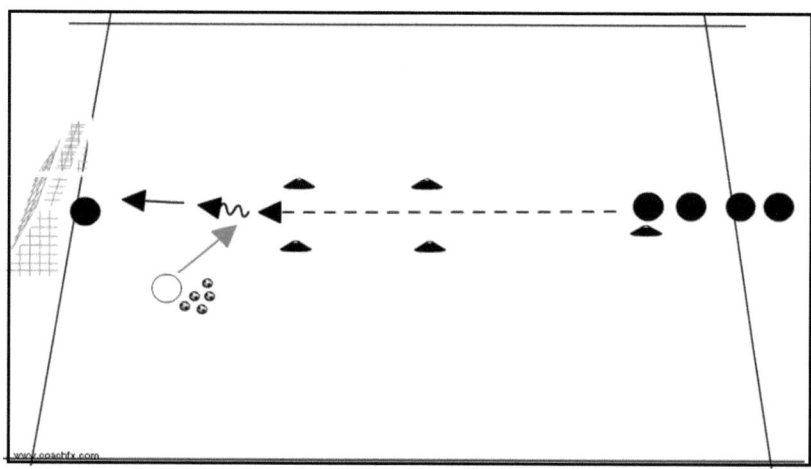

Training / Haupteil

Parcourübung

Es wird mit Hürden, Stangen ein beliebiger Parcour aufgebaut, der den Leistungsstand der Kinder berücksichtigt. Ein Tor wird aufgebaut und mit einem Torhüter besetzt. Die Bälle sind bei dem Zuspieler und dem Werfer.
Der erste Fußballer ohne Ball springt über die Hürden, gefolgt von Skipping über die Stangen, ein Kopfball nach Zuwurf von unten mit einem nicht hart aufgepumpten Ball, ein Sprint Richtung Zuspieler, der den Spieler anspielt und mit einem Torschuss abschließt. Die Kinder sollen danach den Ball zum Zuspieler zurückbringen und zum Startpunkt zurückgehen. Die Betonung liegt auf „gehen", damit eine Erholungsphase gegeben ist. Die Übung wird dreimal je Spieler wiederholt.

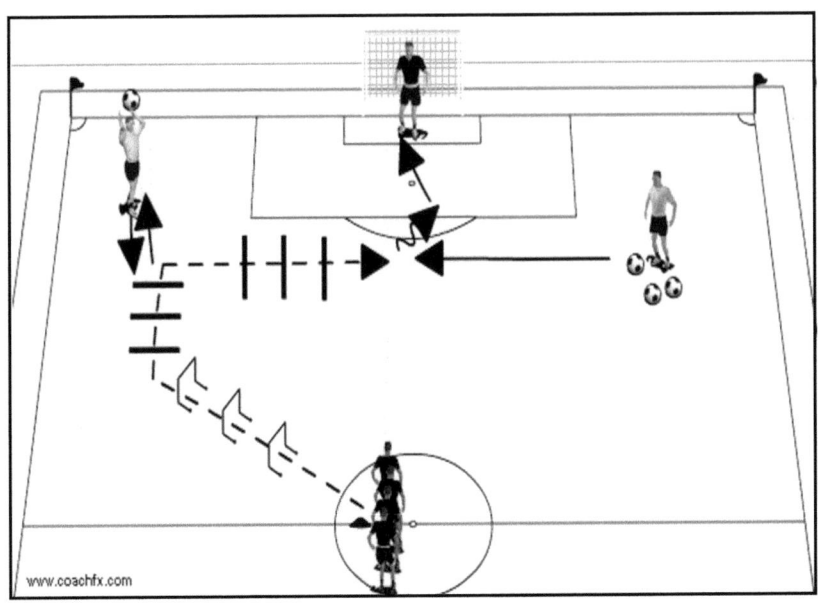

Training / Hauptteil

Konterreihe

Übung 1

Nach einem genauen Abwurf des Torwarts auf einen seiner drei Mitspielern (siehe Abbildung unten), starten diese einen Konter auf das gegnerische Tor, das von einem Torwart und zwei Mitspielern verteidigt wird. Während des Angriffs postieren sich drei neue Spieler für den nächsten Angriff, der erst gestartet wird, wenn der vorige abgeschlossen oder abgewehrt worden ist.

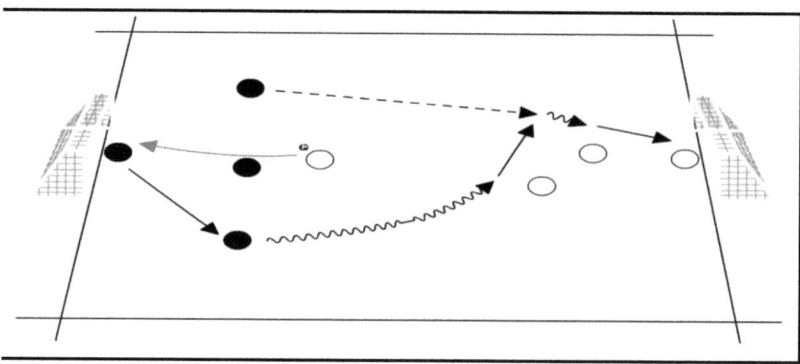

Training / Hauptteil

Übung 2

Ein Spieler startet 60 Meter zentral vor dem Tor zu einem Dribbling, kurz hinter der Mittellinie schlägt er einen Pass auf einen Mitspieler, der auf der linken oder rechten Außenbahn zu einem Sprint startet.
Der Mitspieler ist dabei auf der gleichen Höhe oder etwas vor dem Passgeber. Das Abspiel erfolgt nach vorn in den Lauf des Mitspielers.
Hierbei wird darauf geachtet, daß er den Ball vor der Torauslinie erreicht, gleichzeitig aber nicht vom Torwart abgefangen werden kann.
Der Pass wird, je nach Aufgabenstellung, hoch oder flach gespielt.
Nachdem der Spieler den Ball erlaufen und kurz kontrolliert hat, schlägt er die Flanke auf den mitgelaufenen Passgeber.
Der Torwart darf aktiv eingreifen. Er bekommt sogar die Aufgabe, Bälle zu erlaufen, wenn die Pässe auf den Außenspieler zu weit geschlagen werden.

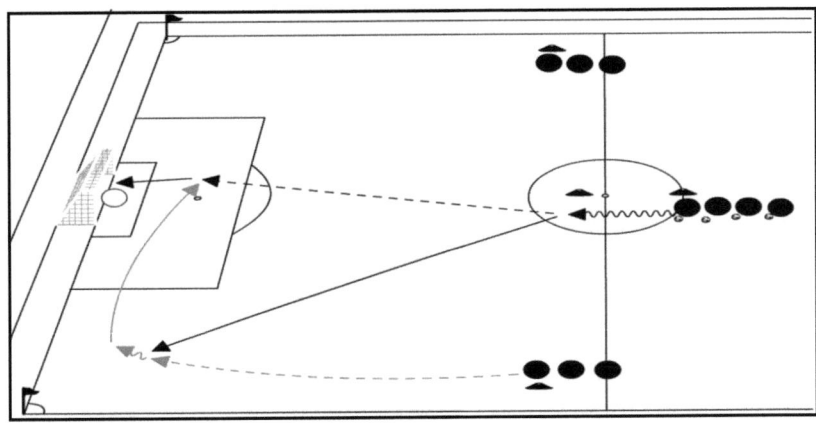

Training / Hauptteil

Übung 3

Hier wird die gleiche Übung trainiert, nur muss diesmal der Pass über einen passiven Gegenspieler erfolgen. Dieser steht seitlich etwa 20 Meter vor dem Passgeber, natürlich auf der Seite des Außenstürmers.

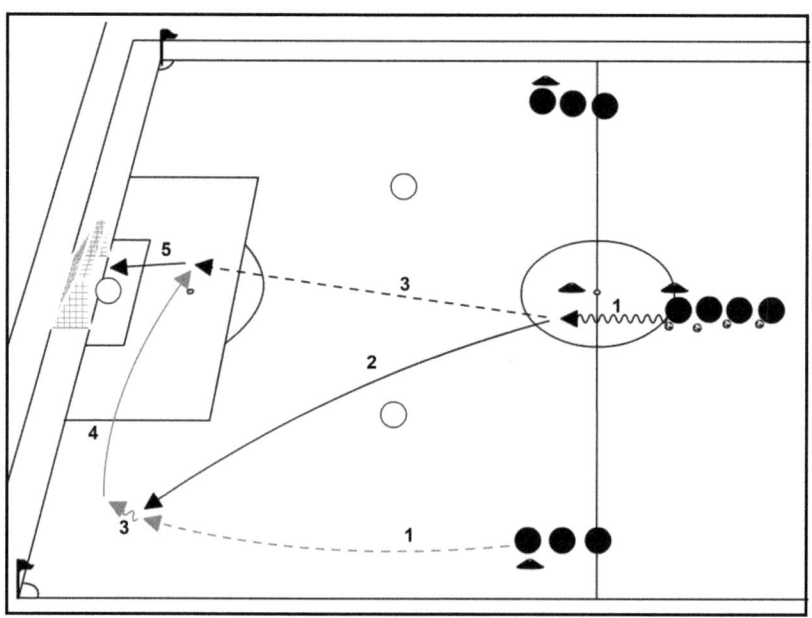

Übung 4

Der Schwierigkeitsgrad der Übung wird weiter erhöht. Der Pass erfolgt wieder über den passiven Gegenspieler. Jetzt laufen aber der Passgeber und ein weiterer Mitspieler zentral auf das Tor zu. Hier werden sie aber nicht nur vom Torwart erwartet, sondern auch von einem Verteidiger.

# Training / Hauptteil

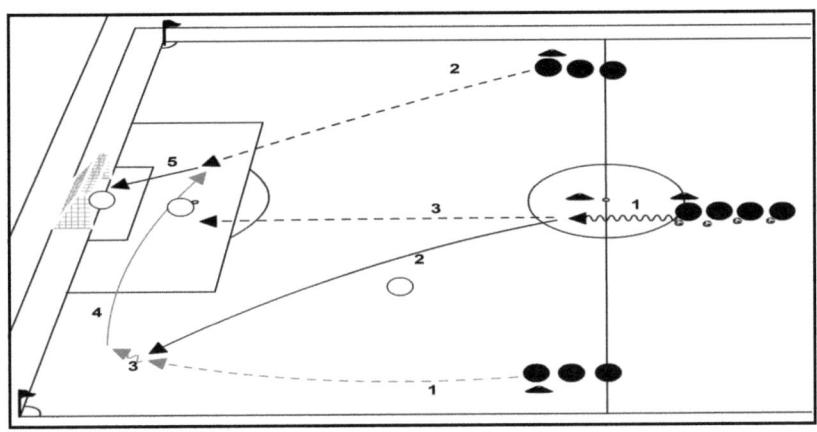

Übung 5

Die Übung wird noch einmal schwieriger. Jetzt darf der passive Gegenspieler aktiv eingreifen. Nachdem der Außenstürmer an ihm vorbeigelaufen ist, dreht er sich blitzschnell, läuft diesem nach, und versucht ihn an der Flanke zu hindern.

Übung 6

Bei dieser Variante ist die Übung etwas statischer. Hierbei ist der Passgeber immer dieselbe Person. Die Außenstürmer und Flankengeber wechseln immer ab. Die beiden Stürmer zentral warten immer wieder auf die Flanke, wie auch der Verteidiger und der Torwart. Alles andere bleibt identisch.

 **Training / Hauptteil**

Einfache Dribbelübung
(siehe Abbildung auf der Folgeseite)

Es wird ein 30 x 20 Meter großes Feld markiert, darüber ein 10 x 10 Meter großes Feld. Drei Gruppen zu je vier bis sechs Spielern werden gebildet. Die Gruppen werden von 1 - 3 durchnumeriert. Jeder Spieler besitzt einen Ball, und alle befinden sich im großen Feld.

Ablauf:
Die Spieler dribbeln zunächst im großen Feld. Dann ruft der Trainer/in die Nummer einer Gruppe auf. Die aufgerufenen Spieler dribbeln in das kleine Quadrat, und vollziehen zwei verschiedene Finten. Im großen Feld machen die Spieler die Finten nach.
Nach dem Aufruf des Trainers von zwei Spielern im kleinen Feld, dribbeln diese auf je ein besetztes Tor, und schließen mit einem Schuss aus etwa 16 - 18 Metern ab.
Gleichzeitig kehrt der Rest der Gruppe ins große Feld zurück.
Nun ruft der Trainer/in eine andere Gruppe auf, und diese dribbelt wieder ins kleine Quadrat usw.
Das Spiel ist beendet, wenn alle Spieler mit einem Torschuss abgeschlossen haben.

 # Training / Hauptteil

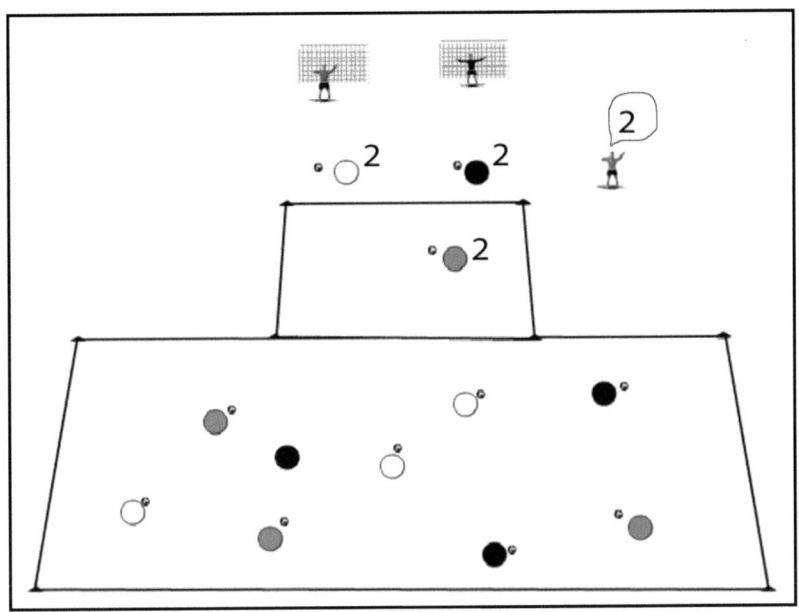

Tempo-Dribbling mit Torabschluss
(siehe Abbildung auf der Folgeseite)

Es wird ein 30 x 30 Meter großes Feld errichtet mit zwei besetzten Toren. Links und rechts neben den Toren postiert sich jede Mannschaft in zwei Gruppen hintereinander, d.h. eine Mannschaft steht links in zwei Gruppen, die andere rechts in zwei Gruppen. Bei einer Gruppe einer Mannschaft ist jeder Spieler in Ballbesitz. Die Mannschaft der anderen Seite ist komplett ohne Ball.

Training / Hauptteil

Ablauf:

Der Trainer oder die Trainerin ruft die ersten beiden Spieler der angreifenden Mannschaft mit Ball zur schnellen Attacke auf. Gleichzeitig laufen die beiden Verteidiger der anderen Mannschaft ins Feld, und versuchen einen Torabschluss der Angreifer zu verhindern. Kommt die verteidigende Mannschaft in Ballbesitz, darf auch sie den Torerfolg suchen. Bei einem Tor oder einer Spielunterbrechung jeglicher Art sind die nächsten Spieler an der Reihe.

Der Trainer/in sollte den Spielern vorher erklären, dass jede Spieltaktik erlaubt ist, wie z.B. Doppelpässe, Fernschüsse, Solos usw.

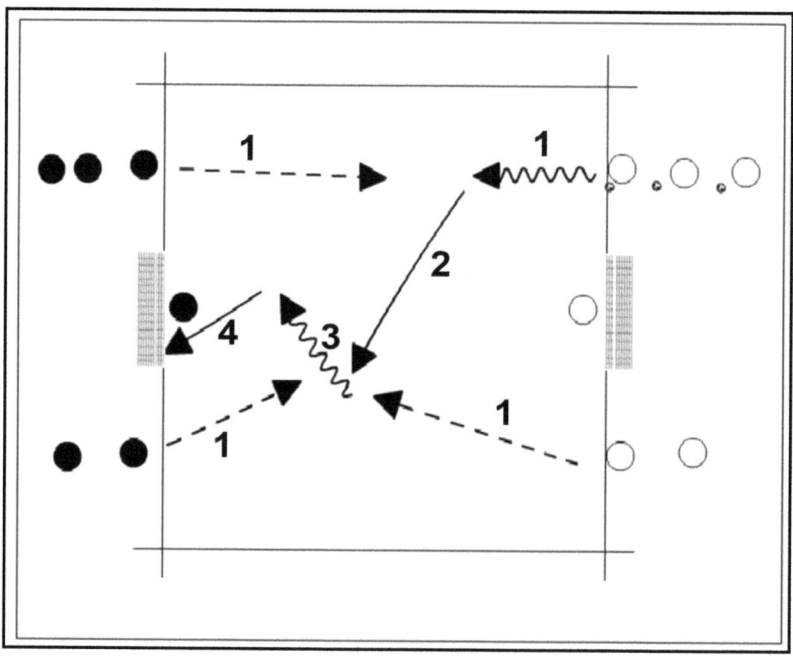

Training / Hauptteil

Grundlagenschusstraining
(siehe Abbildungen auf der Folgeseite)

Merke: Im Laufe der Saison wird in der D- und C-Jugend immer wieder ein Grundlagenschusstraining absolviert. In diesem Alter befinden sich die Jugendlichen im besten Lernalter, Schusstechniken zu erlernen, zu verbessern und zu festigen. Hierbei laufen sie frontal oder seitlich auf das Tor zu, und schießen etwa von 16 Meter Entfernung unbedrängt auf das Tor.
Auch der direkte Abschluss nach einem Doppelpass wird immer wieder trainiert. Der Trainer oder die Trainerin gibt hierbei die Vorgabe der Schusstechnik (Vollspann-, Innenspann-, Außenspann- oder Innenseitstoß) oder das Schussbein an.
Hierbei sollen die jungen Fußballer nicht immer mit voller Kraft schießen. Es werden auch Vorgaben gegeben wie „links oben schlenzen" usw.
Weiterhin muss ihnen verdeutlicht werden, dass im Moment des Schusses nicht auf das Tor geschaut wird, sondern auf den Ball. Ansonsten trifft der Fuß den Ball nicht hundertprozentig, Schusskraft und Zielgenauigkeit gehen verloren.

Training / Hauptteil

Innenspannstoß

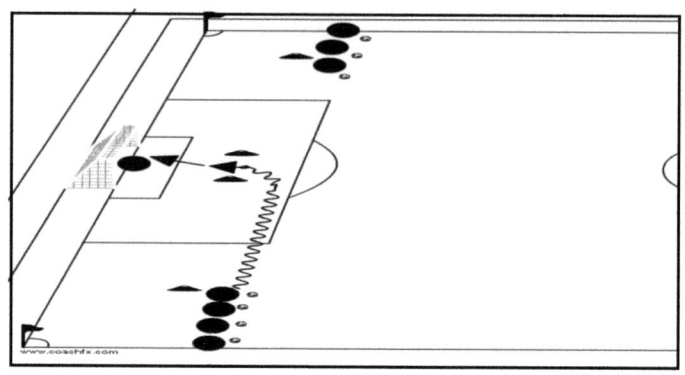

Doppelpass mit der Innenseite und abschließendem Torschuss

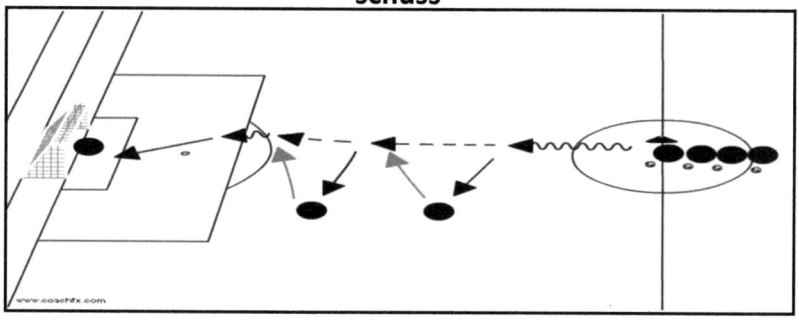

Fintentraining Hauptübung

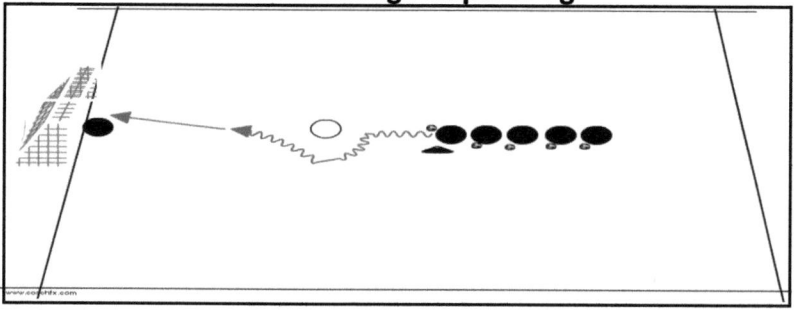

Training / Hauptteil

Torschusstraining unter Bedrängnis I. / Grundlagenübungen

1. Zwei Hütchen werden versetzt etwa 30 Meter vor dem Tor aufgestellt und zwei Gruppen gebildet. Auf ein Trainerkommando starten die ersten Spieler jeder Gruppe. Der weiße Spieler mit Ball sucht den Torabschluss, der Schwarze versucht, ihn daran zu hindern oder sogar selbst abzuschließen.

2. Bei der nächsten Übung (siehe Folgeabbildung) starten die beiden ersten Spieler auf ein Trainerkommando, umlaufen die Fahnen und kämpfen um den Pass des Trainers mit entsprechendem Torabschluss.

 **Training / Hauptteil**

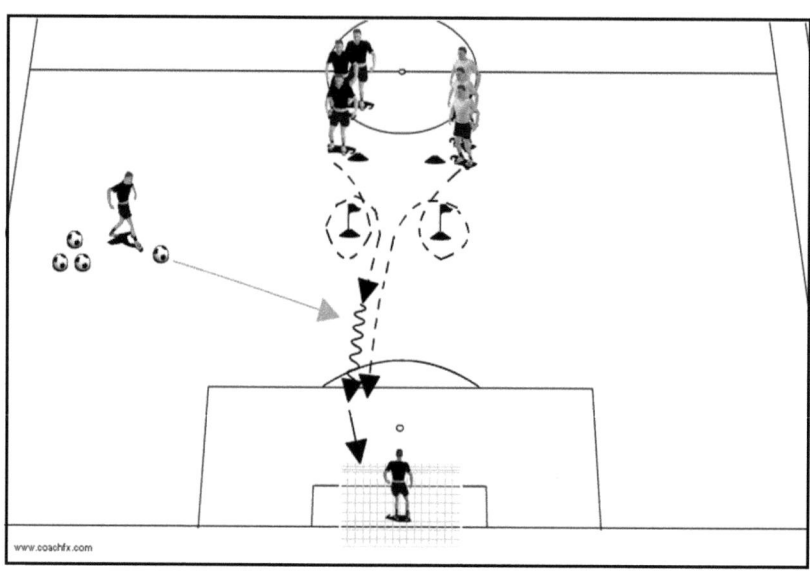

3. Ein Tor wird mit einem Torwart besetzt. Vier Pylonen werden wie in der Zeichnung aufgebaut und mit je einem Spieler belegt, wobei Spieler A im Besitz mehrerer Bälle ist (siehe Folgeabbildung).

Spieler A passt zu B, dieser zu C, dieser wiederum zu D, der mit einem Torschuss abschließt. Danach beginnt die Übung von vorne.

Hat der Spieler A alle Bälle weitergeleitet, werden diese gesammelt und die Übung wird wiederholt, allerdings rotieren alle Spieler eine Position weiter.

Am Anfang dürfen alle Spieler den Ball kurz annehmen. Nachdem jeder Spieler alle Positionen ausprobiert hat, wird die Übung wiederholt, diesmal darf nur direkt abgespielt oder geschossen werden.

 **Training / Hauptteil**

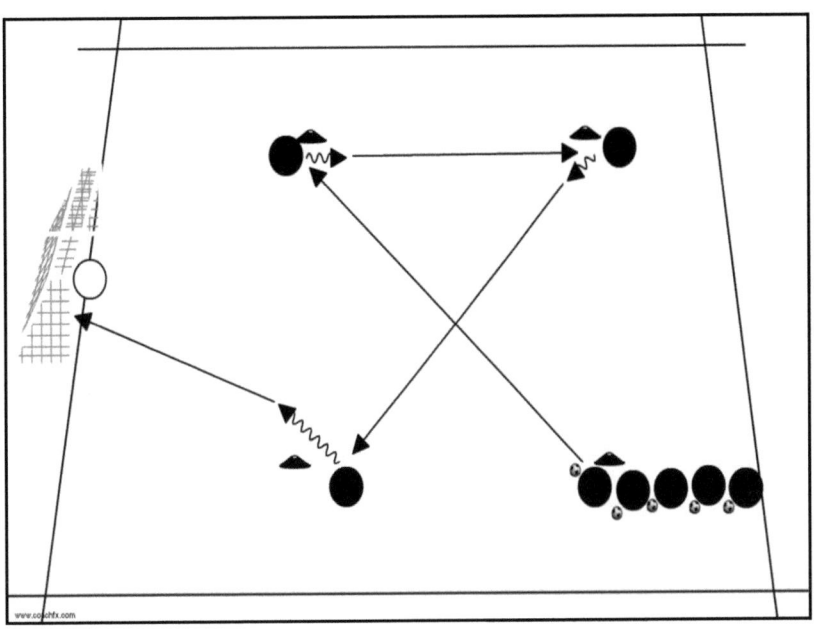

**Torschusstraining unter Bedrängnis II. /
Grundlagenübungen**

Es werden zwei 15 x 20 Meter große Felder nebeneinander markiert. Auf jeweils einem Feld der Grundlinie wird ein Tor aufgestellt (siehe Abbildung auf der nächsten Seite). Beide Tore sind besetzt.
Zwei Mannschaften werden eingeteilt, und postieren sich nebeneinander zwischen den beiden Toren. Der Trainer oder die Trainerin steht mit Bällen dazwischen.

 **Training / Hauptteil**

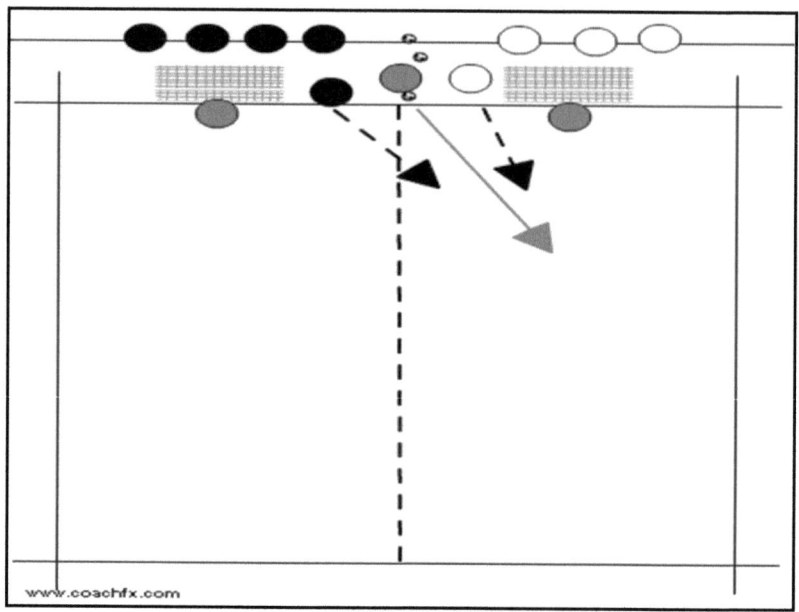

Ablauf:

Die ersten Spieler jeder Mannschaft laufen ins Feld, der Trainer schießt den Ball dazu. Jetzt wird im Spiel 1 gegen 1 versucht, ein Tor zu erzielen.

Wird ein Treffer in einem Tor erzielt oder der Ball ist im Aus, gehen die Spieler vom Feld und die nächsten Spieler sind an der Reihe.

Variationen:

Nun wird ein 2 gegen 2 oder ein 3 gegen 3 gespielt. Alle anderen Regeln bleiben gleich. Welche Mannschaft erzielt zuerst 12 Treffer?

Training / Hauptteil

Komplexe Übungen

Flügelspiel mit Torabschluss

Übungsaufbau:
Eine Gruppe mit Ball (schwarz) auf Höhe der Mittellinie, ein Hütchentor ca. 20m entfernt aufstellen, dieses Tor wird von Weiß verteidigt, 2 weitere Gruppen ca. 20m vor dem Tor, Schwarz (Stürmer), Weiß (Verteidiger)

Übungsablauf:
Der erste Spieler mit Ball dribbelt auf das Hütchentor zu und versucht, den entgegenkommenden Verteidiger auszudribbeln, läuft weiter bis zur Grundlinie und flankt den Ball in den Strafraum. Der erste Stürmer läuft in den Strafraum und versucht ein Tor zu erzielen. Der erste Verteidiger versucht den Stürmer am Torschuss zu hindern. Hier sollten die Gruppen und Aufgaben öfter wechseln. Die Übung sollte auch von der linken Seite ausgeführt werden.

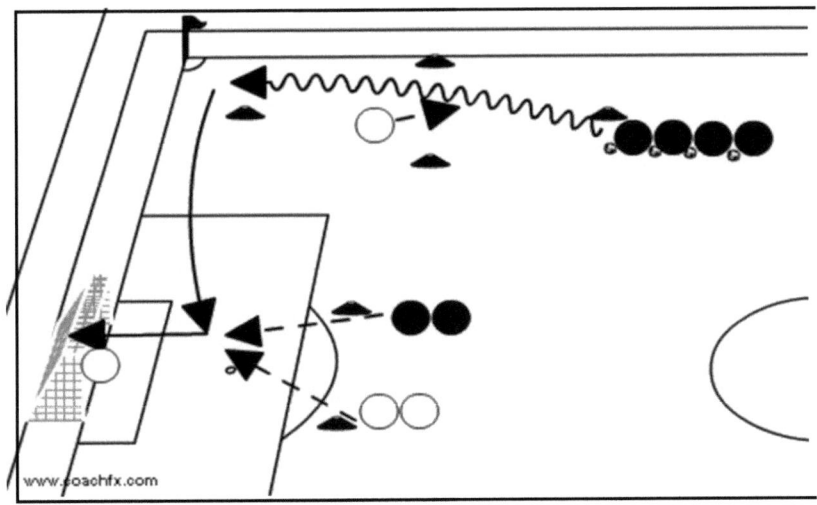

Training / Hauptteil

Angriff über das zentrale Mittelfeld

Hier hat der zentrale Mittelfeldspieler mehrere Möglichkeiten, seine Mitspieler einzusetzen. Diese Handlungsspielräume sollten den Spielern aufgezeigt werden. Wir schlagen hier die folgenden Übungen vor.

Der Steilpass

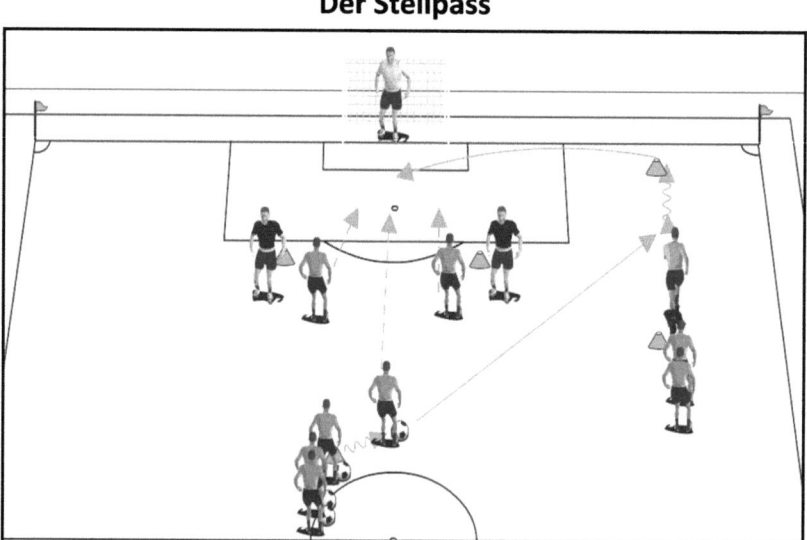

Übungsaufbau:
- 2 Hütchen am Strafraum (im Abstand von ca. 20 Metern)
- an den Hütchen positionieren sich 2 Verteidiger und 2 Stürmer
- 1 Hütchen zentral in Höhe der Mittellinie
- hier positionieren sich 3-5 Spieler hintereinander mit Ball
- 1 Hütchen an der Seitenlinie, ca. 20 Meter von der Mittellinie entfernt

Training / Hauptteil

- hier positionieren sich 3-5 Spieler hintereinander ohne Ball
- 1 Hütchen an der Toraußenlinie

Übungsablauf:
Der erste Spieler mit Ball dribbelt ein paar Meter und spielt einen Steilpass zum gestarteten Flügelspieler. Dieser dribbelt bis zum Hütchen an der Toraußenlinie und flankt in den Strafraum. Die Stürmer und der Passgeber sprinten in den Strafraum und versuchen die Flanke zu verwerten.
Die Verteidiger laufen ebenfalls in den Strafraum und versuchen, den Abschluss zu verhindern.
Hier sollten die Aufgaben nach einiger Zeit gewechselt werden. Den Stürmern sollte klar gemacht werden, dass Sie mehrere Positionen im Strafraum einnehmen können.

Training / Hauptteil

Angriffstraining

Übung 1

Übungsaufbau:
(siehe auch Skizze auf der nächsten Seite)
- Ein Hütchen im Bereich des Mittelfeldkreises positionieren.
- An dem Hütchen positionieren sich 3-5 Spieler hintereinander mit Ball.
- 1 Hütchen an der Seitenlinie, ca. 20 Meter von der Mittellinie entfernt.
- An dem Hütchen 3-5 Stürmer und Abwehrspieler hintereinander positionieren.
- 1 Torwart

Übungsablauf:
Der erste Spieler mit Ball dribbelt ein paar Meter Richtung Tor. Gleichzeitig startet der erste Stürmer und der erste Verteidiger Richtung Toraußenlinie. Der Stürmer vollzieht entweder einen **Richtungswechsel** oder erwartet einen **Steilpass**. Der Spieler mit Ball spielt entweder einen Steilpass oder einen Pass in den Lauf des Stürmers und sprintet durch in den Strafraum.
Wurde ein Steilpass gespielt, so versucht der Stürmer zu flanken. Bei einem Richtungswechsel schließt er selber ab.

Training / Hauptteil

Mögliche Laufwege der Außenspieler ohne Ball beim Pass über das zentrale Mittelfeld

Der Außenspieler hat hier die Möglichkeit entlang der Außenlinie zu starten und sich durch einen explosiven **Richtungswechsel** anspielbar zu machen oder er ist schneller als sein Gegenspieler und erwartet einen **Steilpass**. Hierzu läuft er ohne Richtungswechsel die Außenlinie entlang.

Auch diese Übung sollte von beiden Seiten ausgeführt werden. Der Vorteil des Richtungswechsels liegt darin, dass der Stürmer sich nun zwischen dem Ball und dem Gegner befindet. Dadurch ist er leichter anspielbar, als bei einem Steilpass, bei dem er sich hinter dem Gegner befindet.

Übung 2

Nachdem einige Laufwege der Stürmer bei einem Angriff aus dem zentralen Mittelfeld aufgezeigt wurden, wird hier der Angriff über das dezentrale Mittelfeld (über Außen) behandelt.
Wir nehmen hier folgende Ausgangssituation an:
Ein Mittelfeldspieler führt den Ball entlang der Seitenlinie in die gegnerische Spielfeldhälfte. Es befinden sich 3 Abwehrspieler und 2 Stürmer in der gegnerischen Hälfte. Wir behandeln hier die möglichen Laufwege des ballnahen Stürmers. Alle möglichen Laufwege können mit einem

Training / Hauptteil

einfachen Übungsaufbau trainiert werden (siehe Grafik). Auch diese Übung sollte von beiden Seiten ausgeführt werden.

Mögliche Laufwege des ballnahen Stürmers

Übung 3

Übungsaufbau:
- 3 Hütchen werden ca. 25 Meter vor dem Tor positioniert (siehe Grafik auf der nächsten Seite).
- An den beiden zentralen Hütchen stehen jeweils ein Verteidiger und ein Stürmer.
- An dem Außenhütchen steht ein weiterer Verteidiger.
- Die gleiche Spielerkombination steht nochmal an der Toraußenlinie.
- In Höhe der Mittellinie steht außen ein weiteres Hütchen hinter dem sich Spieler mit Ball stellen.

Training / Hauptteil

Übungsablauf:
Der erste Spieler mit Ball startet ein Dribbling und erwartet eine Aktion des ballnahen Stürmers. Der Außenverteidiger läuft dem ballführenden Spieler entgegen.
Folgende Aktionen des ballnahen Stürmers sollen hier einstudiert werden:
1. Der ballnahe Stürmer kommt dem Mittelfeldspieler entgegen und spielt einen **Doppelpass** mit diesem. Der Mittelfeldspieler läuft bis zur Toraußenlinie und flankt den Ball in den Strafraum, in welchem der ballnahe Stürmer nach dem Doppelpass sprintet. Die Verteidiger sind bei dieser Übung vollaktiv. Im Anschluss tauschen die Spieler an der Toraußenlinie die jeweiligen 3 Positionen.

Training / Hauptteil

Übung 4

2. Der erste Spieler mit Ball startet, wie bei 1. ein Dribbling und erwartet eine Aktion des ballnahen Stürmers. Der Außenverteidiger läuft dem ballführenden Spieler entgegen. Der ballnahe Stürmer bietet sich mit einem Sprint **an der Seitenaußenlinie** an und versucht, den Pass als Flanke zu verwerten. Der Mittelfeldspieler sprintet nach seinem Pass in den Strafraum und versucht die Flanke zu verwerten. Die Verteidiger sind bei dieser Übung vollaktiv.
Im Anschluss tauschen die Spieler an der Toraußenlinie die jeweiligen 3 Positionen.

Training / Haupttteil

Übung 5

3. Der erste Spieler mit Ball startet (wie bei 1.) ein Dribbling und erwartet eine Aktion des ballnahen Stürmers. Der Außenverteidiger läuft dem ballführenden Spieler entgegen. Der ballnahe Stürmer sprintet in den Strafraum und erwartet einen Steilpass des ballführenden Spielers. Dieser sprintet nach dem Abspiel in den Strafraum, und versucht, den Pass des Stürmers zu verwerten. Die Verteidiger sind bei dieser Übung vollaktiv. Im Anschluss tauschen die Spieler an der Toraußenlinie die jeweiligen 3 Positionen.

Training / Hauptteil

Angriff- / Kontertraining

Übung 1

Im abgesteckten Spielfeld spielen zwei Spieler 1 gegen 1. Ein neutraler Spieler fungiert als Anspielstation. Hinter jedem Tor wartet ein weiterer Spieler, der dann mit seinem Partner nach einer bestimmten Zeit oder nach Torerfolg die Rollen tauscht. Ziel der Übung ist der schnelle Torabschluss.
D.h., Doppelpass oder Finte und Torabschluss. Erfolgt kein schneller Torabschluss, wird die Aktion abgebrochen und die nächsten Spieler sind an der Reihe.
Es wird immer im Wechsel angegriffen. Jeder Spieler greift einmal an, und verteidigt danach sofort.
Der Torabschluss sollte hier flach ins Eck erfolgen.
Um die Motivation hoch zu halten, sollte die Übung als Wettkampf ausgetragen werden. So ist auch gewährleistet, dass die Abwehrspieler ihr Bestes beim Verteidigen geben, und wir so Wettkampfbedingungen erhalten.

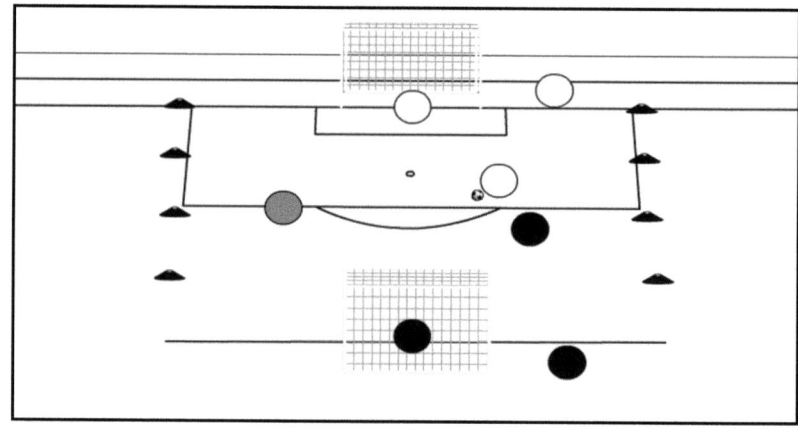

Training / Hauptteil

Übung 2

Der Anspieler (schwarz) mit Ball dribbelt in Richtung gegnerisches Tor und versucht, seinen Mitspieler (Stürmer) in Szene zu setzen. Der Stürmer versucht einen Torschuss oder legt wieder auf den Anspieler ab, der jetzt aufs Tor schießen muss. Nach der Aktion holt der Anspieler den Ball und stellt sich wieder an seine Startposition. Der Stürmer wechselt die Position mit seinem Mitspieler, der neben dem gegnerischen Tor steht. Jetzt startet der weiße Spieler mit Ball auf das andere Tor usw. Alle Positionen sollten nach einiger Zeit gewechselt werden. Erfolgt kein schneller Torabschluss, wird die Aktion abgebrochen und die nächsten Spieler sind an der Reihe. Der Torabschluss sollte hier flach ins Eck erfolgen.

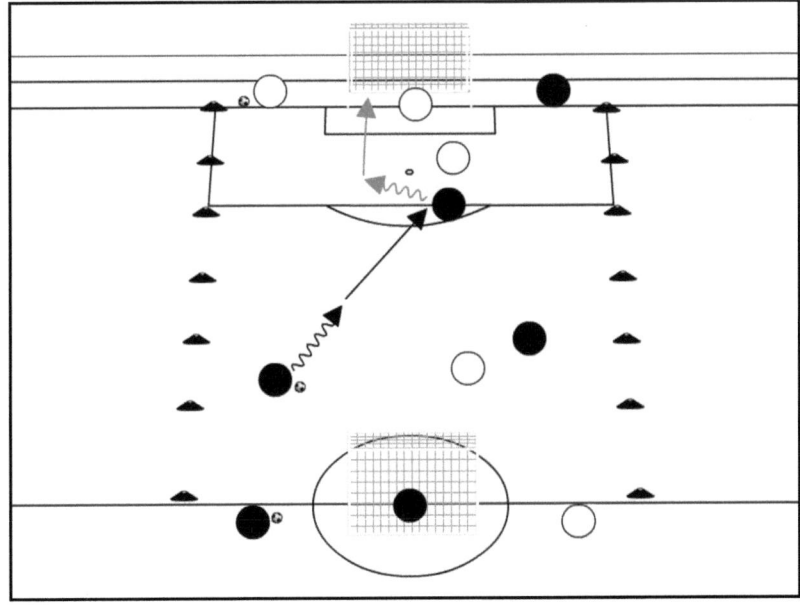

Training / Hauptteil

Übung 3

Übungsaufbau:
Eine Zweikampfzone mit 4 Hütchen abstecken (siehe Grafik). 2 Gruppen bilden (Stürmer und Verteidiger). Der mittlere Stürmer mit Ball.

Übungsablauf:
Der zentrale Stürmer im Viereck versucht sich vom Verteidiger zu lösen, um einen Passweg innerhalb des Vierecks zu schaffen (der erste Pass an den zentralen Stürmer muss innerhalb des Vierecks angenommen werden!!!).
Der Mitspieler mit Ball spielt den Pass zum zentralen Stürmer oder zu den Außenstürmern. Bedient er einen Außenstürmer, so kann er das Viereck verlassen und die Flanke verwerten.

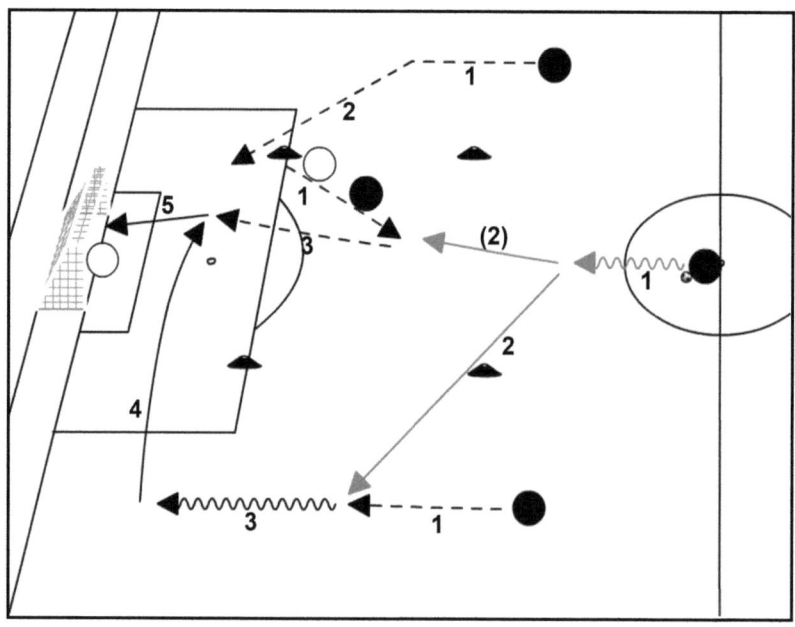

Training / Hauptteil

Übung 4

Übungsaufbau:
4 Hütchen, wie in der Grafik, aufstellen. An allen Hütchen, außer dem an der Außenlinie, gleichgroße Gruppen bilden. Alle Spieler in der Höhe des Mittelkreises erhalten jeweils einen Ball.

Übungsablauf:
Auf ein Trainerkommando dribbelt der erste Spieler mit Ball in Richtung seines Mitspielers und passt diesen an. Der Mitspieler läuft dem Ball entgegen und lässt das Anspiel abklatschen. Der erste Spieler passt den Ball direkt weiter auf seinen Außenstürmer, der auch beim Trainerkommando gestartet ist. Er nimmt den Ball an, dribbelt weiter bis zum Hütchen, und flankt auf seine beiden Mitspieler, die in den Strafraum gesprintet sind.

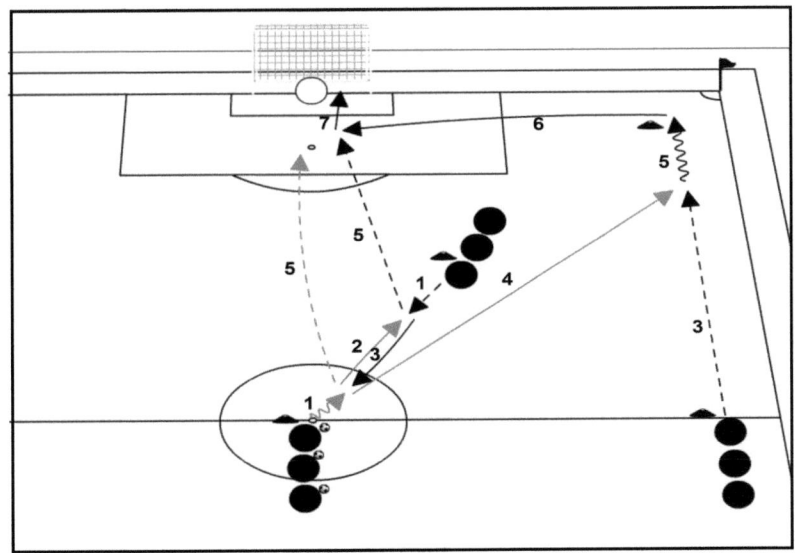

# Abschlussspiele

Handball-Kopfball-Volleyball

Es wird ein 30 x 20 Meter großes Feld mit zwei besetzten Toren errichtet. Zwei Mannschaften werden eingeteilt.

Ablauf:
Der Ball darf nur mit den Händen gespielt werden. Tore dürfen nur mit dem Kopf erzielt werden oder nach einem Zuwurf mit einem Volleyschuss. Kopfballtore zählen allerdings doppelt. Mit dem Ball in der Hand dürfen nicht mehr als drei Schritte gemacht werden.

Variation:
Rückpässe sind nicht erlaubt.

Abschlussspiele

Abschlussspiele mit leichten taktischen oder technischen Vorgaben

Spiel 1:

Der Ball darf nur mit dem linken Fuß geführt, gepasst oder geschossen werden (Kopfball ist natürlich erlaubt). Diese Vorgabe sollte auf fünf Minuten begrenzt bleiben.
Variante: Das Gleiche Spiel mit einer Mannschaft in Überzahl.

Spiel 2:

Der Ball darf nur mit dem rechten Fuß geführt, gepasst oder geschossen werden (Kopfball ist natürlich erlaubt).
Diese Vorgabe sollte auf fünf Minuten begrenzt bleiben.
Diese Vorgabe macht allerdings nur Sinn, wenn Spieler mit einem „starken linken" Fuß in der Mannschaft sind.

Spiel 3:

Der Ball darf nur nach vorn gespielt oder gedribbelt werden.

Spiel 4:

Eine Mannschaft spielt in Überzahl von mindestens zwei Spielern. Nach zwei bis drei Minuten spielt die andere Mannschaft in Überzahl, allerdings auch nur für zwei bis drei Minuten.

 # Abschlussspiele

Spiel 5:

Wer ein Tor schießt, muss ins Tor bis zum nächsten Torerfolg.

Spiel 6:

Es wird ein Abschlussspiel auf vier Tore gespielt. Hierbei ist eine Spielzeit von 10 Minuten durchaus sinnvoll.

Spiel 7:

Es wird ein Abschlussspiel auf vier Tore mit zwei Bällen gespielt. Die Bälle sind relativ leicht aufgepumpt, weil z.B. gleichzeitig zwei Schützen auf ein Tor schießen können. Jetzt halten sich die Schmerzen bei einem Körpertreffer in Grenzen.

Abschlussspiele

Spiel im Strafraum auf vier Tore

Es wird nur im Strafraum auf vier Minitore gespielt (siehe Abbildung).

Variationen:
Tore zählen nur nach einem Direktspiel, Ballkontakte werden auf zwei oder drei begrenzt oder ein neutraler Spieler wird bestimmt. Dieser spielt immer für die Mannschaft in Ballbesitz.

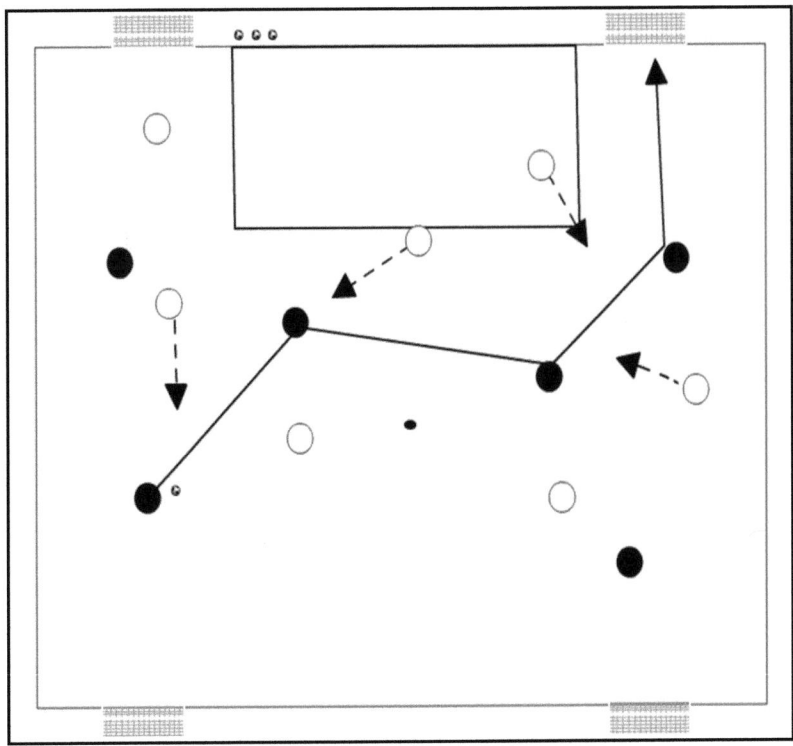

Komplexere Abschlussspiele

Zwei-Aufgabenspiel

Es wird ein 30 x 30 Meter großes Spielfeld mit vier Minitoren errichtet (siehe Abbildung). Eine Mannschaft besteht z.B. aus 8 Spielern, die andere aus 4.

Ablauf:
Für z.B. 12 Zuspiele hintereinander erhält das Team in der Überzahl einen Treffer. Erobert die "kleine" Mannschaft den Ball, versucht sie einen Treffer im Minitor zu erzielen. Nach einigen Minuten werden andere vier Spieler für die Mannschaft in der Unterzahl bestimmt.

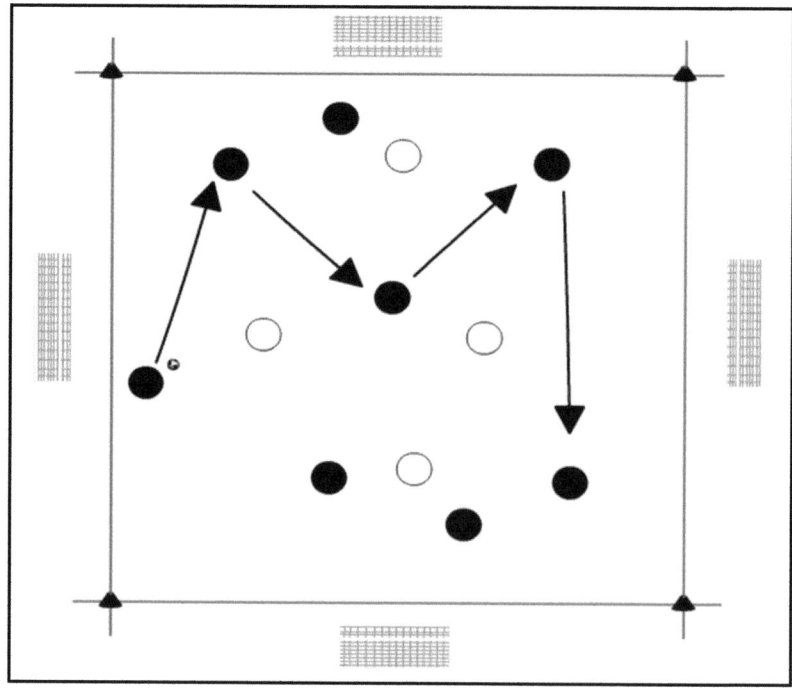

 # Komplexere Abschlussspiele

Spiegel-Fußball
(siehe Grafik auf der nächsten Seite)

Es wird ein Spielfeld mit zwei besetzten Toren errichtet, eventuell auch über eine ganze Platzhälfte. Zwei Mannschaften werden eingeteilt.

Ablauf:
Eine Hälfte jeder Mannschaft wird als Stürmer eingeteilt und die andere Hälfte als Abwehrspieler. Stürmer dürfen nur im Sturm spielen, Abwehrspieler nur in der Abwehr. In jeder Mannschaft wird einem Stürmer auch ein Abwehrspieler zugeteilt. Diese müssen im Spiel wie ein "Tandem" funktionieren.
D.h., wenn die Stürmer angreifen, müssen die Abwehrspieler wie ein Schatten an ihrem Stürmer "kleben" und hinterherlaufen, aktives Eingreifen ist nicht erlaubt. Treten die Abwehrspieler in Aktion, muss der Stürmer versuchen, immer hinter seinem Abwehrspieler zu bleiben, und darf ebenfalls nicht aktiv werden.
Das Spiel ist schwieriger als man denkt, und sollte auf wenige Minuten begrenzt bleiben.

 **Komplexere Abschlussspiele**

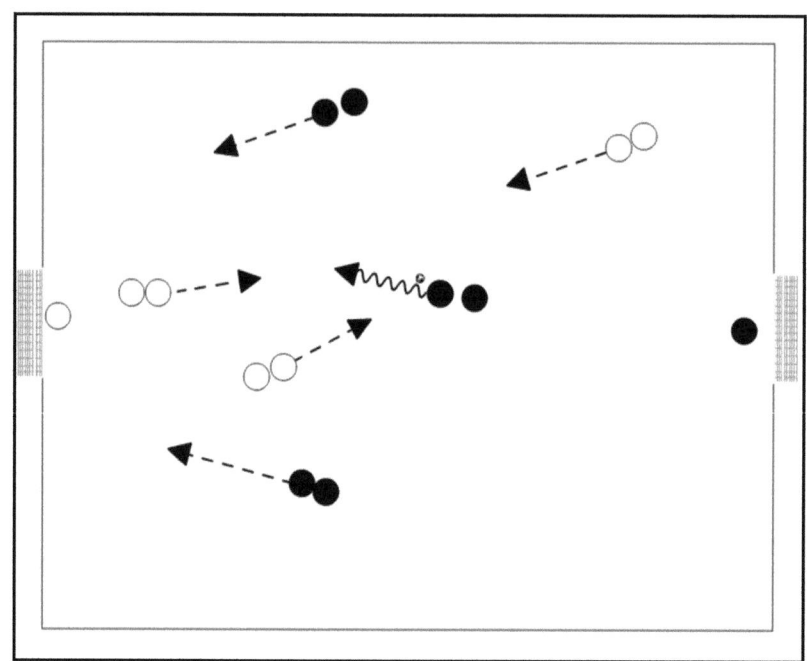

Konterabschlussspiel

Bei diesem Abschlussspiel trainieren wir den schnellen Angriff in Überzahl und den Konter. Gespielt wird auf zwei besetzte Tore. Die angreifende Mannschaft stellt vier Stürmer, die abwehrende drei Verteidiger.
Bei der verteidigenden Mannschaft stehen vier Spieler außerhalb des Spielfeldes neben dem Tor, bei der angreifenden Mannschaft drei Spieler außerhalb neben ihrem Tor (siehe Skizze auf der nächsten Seite).

# Komplexere Abschlussspiele

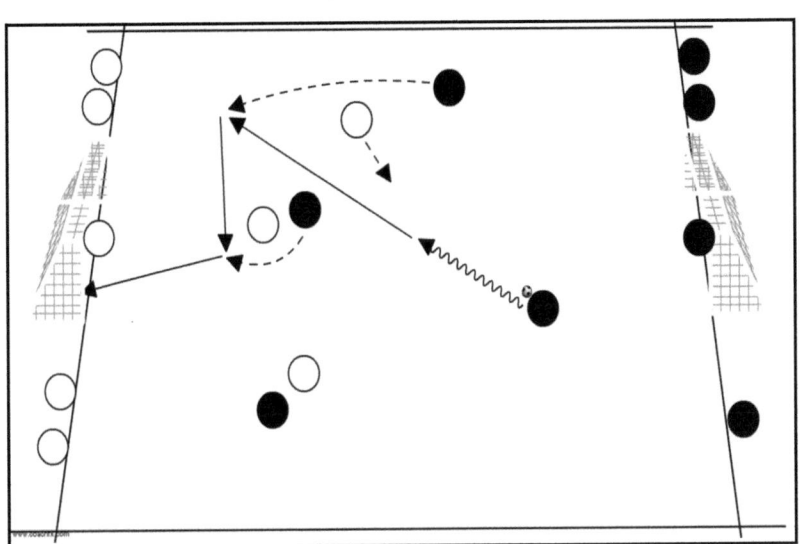

Übungsablauf:

1. Der Angriff muss innerhalb von zwei Minuten abgeschlossen sein, ansonsten müssen die Angreifer vom Feld und die drei wartenden Mitspieler werden zu Verteidigern. Die wartenden vier Spieler werden jetzt zu Stürmern und bekommen den Ball usw. Jeder Angriff wird aber immer wieder auf zwei Minuten begrenzt.

2. Erlangen die Abwehrspieler den Ball, müssen sie sofort einen Konter einleiten und dürfen nur nach vorne laufen oder dribbeln. Sie suchen also den bedingungslosen Torabschluss.

3. Beenden die Stürmer mit einem Torabschluss, wechselt natürlich auch das Angriffsrecht mit den jeweils neuen Spielern.

 # Komplexere Abschlussspiele

Ecken und Freistöße werden ausgeführt, wenn sie innerhalb der zwei Minuten stattfinden.

Abschlussspiel mit Dribbelaktion

Es wird ein Feld von 40 x 30 Meter abgesteckt. Ebenfalls wird eine mittlere Zone von 20 x 30 Meter markiert. Es werden zwei Mannschaften gebildet mit je einem Torwart, einem Abwehrspieler in der Abwehrzone und 4 – 6 Spieler je Mannschaft in der mittleren Zone.

Ablauf:
In der mittleren Zone spielen 4 gegen 4, 5 gegen 5 oder 6 gegen 6. Schafft es nun ein Spieler über die Grundlinie der mittleren Zone auf das gegnerische Tor zu dribbeln, muss er nun 1 gegen 1 gegen den Verteidiger den Torabschluss suchen. Der Stürmer darf dribbeln oder auch direkt schießen. Der Torwart darf auch aktiv eingreifen, und seine Torlinie verlassen.

Egal wie das Endresultat ausgeht, die verteidigende Mannschaft bekommt dann den ersten Ballbesitz in der mittleren Zone, Ecken werden nicht ausgespielt.

Variationen:
- Der Stürmer ruft den Namen eines Mitspielers aus der mittleren Zone, der ihn bei dem Angriff in der Verteidigungszone des Gegners unterstützen darf.

# Komplexere Abschlussspiele

- Jetzt darf auch der Verteidiger einen Spieler zur Verstärkung rufen, so bald ein Angreifer in seine Zone eindringt.

- Distanzschüsse aus der Mittelzone werden erlaubt.

- Der Torwart darf die Torlinie nicht verlassen.

- Es wird ohne Verteidiger gespielt, der Angreifer spielt also 1 gegen 1, wenn er in die Verteidigungszone eindringt.

- Es dürfen insgesamt drei Angreifer in die Verteidigungszone eindringen, gegen einen Verteidiger und einen Torwart, aber die Stürmer dürfen ausschließlich mit ihrem „schwächeren" Fuß spielen.

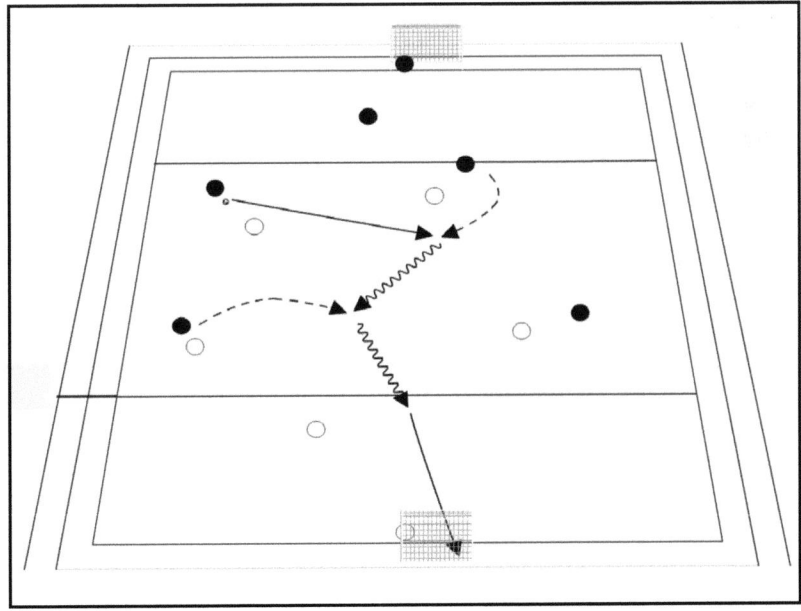

 # Komplexere Abschlussspiele

Weitere Variation:
(siehe Abbildung auf der nächsten Seite)
Es werden zwei Mannschaften mit jeweils einem festen Torwart gestellt. Die Anzahl der Feldspieler beträgt 5 – 7 pro Mannschaft.

Übungsablauf:
1. Eine Mannschaft spielt auf das Tor mit dem Angriffsfeld. Schießt sie ein Tor mit einem Distanzschuss außerhalb des Angriffsfeldes, wird dieses Tor doppelt gewertet.

2. Dribbelt die Mannschaft in das Angriffsfeld und erzielt dann ein Tor, zählt dieses auch doppelt. Alle anderen Tore, auch die der gegnerischen Mannschaft (diese spielt ja auf kein Angriffsfeld), zählen einfach.

3. Nach zehn Minuten werden die Seiten gewechselt und die andere Mannschaft spielt auf das Tor mit dem Angriffsfeld. Sieger nach 20 Minuten ist natürlich die Mannschaft mit den meisten Torpunkten (hier Torpunkte, weil manche Tore ja doppelt zählen).

 **Komplexere Abschlussspiele**

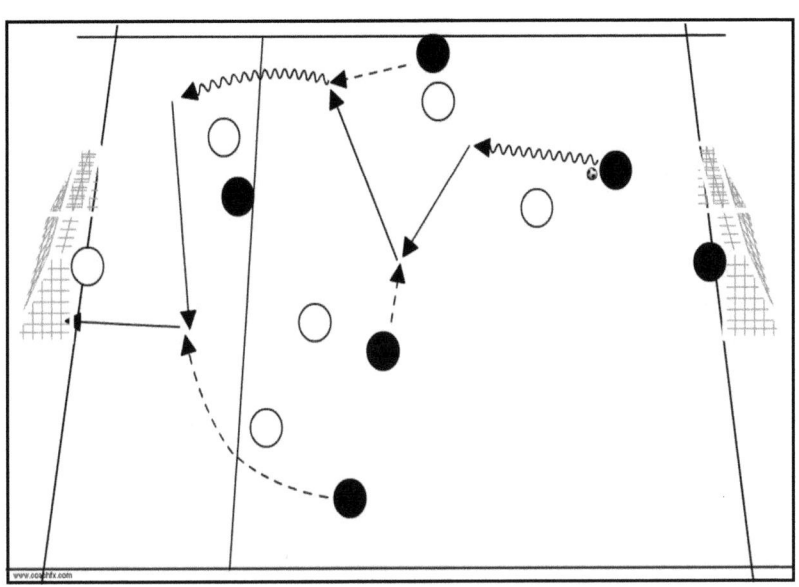

Geteilte Mannschaften

Es wird ein Feld von etwa 25 x 20 Meter markiert bei 4 gegen 4 Spieler, bei 5 gegen 5 oder 6 gegen 6 wird das Feld auf 30 x 25 Meter erweitert. Ebenfalls stehen zwei unbesetzte Tore bereit. Die Mannschaften bestehen jeweils aus zwei Gruppen (vier bis sechs Spieler). Die Mannschaftsteile bekommen die Namen 1a und 1b, und die zweite Mannschaft die Namen 2a und 2b. Sie verteilen sich jeweils links und rechts neben dem eigenen Tor.

 # Komplexere Abschlussspiele

Ablauf:
Der Trainer oder die Trainerin ruft z.B. die Mannschaftsteile 1a und 2b auf. Die Spieler laufen ins Feld und spielen nun gegeneinander mit einem festen Torwart. Beim ersten Spiel liegt der Ball in der Spielfeldmitte. Nach zwei Minuten ruft der Trainer/in z.B. „2b durch 2a ersetzen". Jetzt muss die Mannschaft 2b sofort das Feld verlassen und wird durch 2a ersetzt. Danach ruft der Trainer oder die Trainerin z.B. „1a durch 1b ersetzen und 2a durch 2b ersetzen." Hier werden also zwei Mannschaftsteile gleichzeitig ausgetauscht.
Diese Übung macht den Fußballern einen Riesenspaß, und kann getrost bis zu zwanzig Minuten gespielt werden.
Tipp: Der Austausch der Mannschaftsteile empfiehlt sich bei anstehenden Standardsituationen wie Einwurf, Freistoß und Eckball.

# Komplexere Abschlussspiele

Variationen:
- Es wird nicht mit einem „festen" Torwart gespielt, sondern der „letzte" Mann wird automatisch zum Keeper.

- Die Mannschaftsteile bestehen aus unterschiedlich vielen Spielern, so kann eine Unter- und Überzahl dieser im Spiel erreicht werden. Mögliche Kombinationen wären z.B. 4 gegen 5, 5 gegen 4, 4 gegen 4 und 5 gegen 5. Hierbei hat jede Mannschaft einen Mannschaftsteil von 4 und 5 Spielern.

- Jeder Spieler darf nur mit seinem „schwachen" Fuß spielen. Allerdings sollte die Zeit hier auf zwei Minuten Spielzeit pro Spieler begrenzt bleiben.

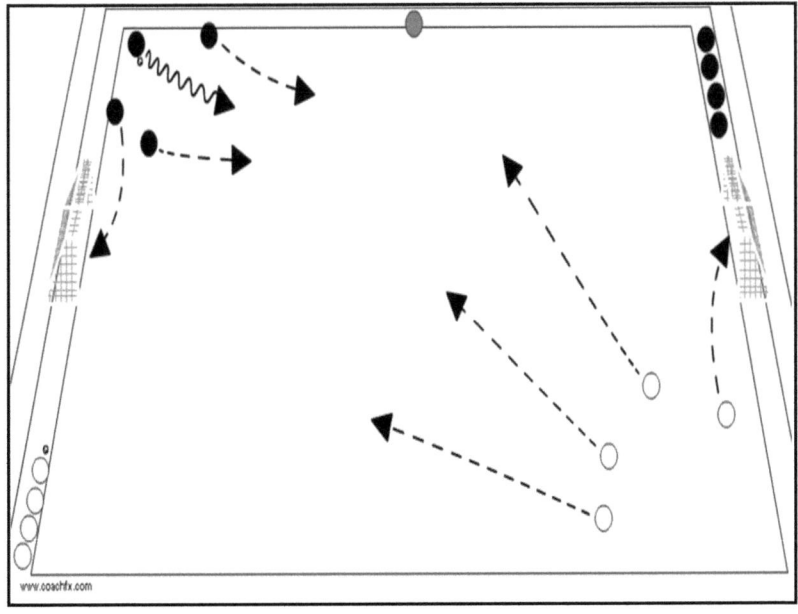

 # Komplexere Abschlussspiele

Nur Doppeltore zählen

Es wird ein Feld von 40 x 25 Meter mit zwei Toren aufgebaut. Gleichmäßig im Feld, aber mindestens 10 Meter von den Toren entfernt, werden 6 Hütchen aufgestellt. Auf diese Pylonen wird oben jeweils ein Ball postiert.
Nun werden zwei Mannschaften mit einem „festen" Torwart gebildet. Die Mannschaften setzen sich aus jeweils 5 bis 6 Spielern zusammen.

Ablauf:
Es wird ein ganz normales Fußballspiel ausgetragen, bis auf einen Unterschied. Bevor eine Mannschaft ein reguläres Tor erzielen darf, muss zuvor ein Hütchen mit Ball umgeschossen werden, oder nur der Ball von diesem. Der Trainer/-in entfernt die entsprechende Pylone mit Ball vom Spielfeld. Die Mannschaft mit dem „Treffer" kann nun auf das gegnerische Tor stürmen, und einen regulären Treffer erzielen. In der Zwischenzeit kann nun natürlich auch der Gegner eine Pylone „zusammenschießen", und ebenfalls ein reguläres Tor erzielen.
Wurde ein Tor erzielt, muss erneut ein Hütchen „abgeschossen" werden, bevor ein weiteres reguläres Tor erzielt werden darf. Die jeweils gegnerische Mannschaft darf natürlich die Pylonen mit Ball vor einem Abschuss schützen.
Wurde ein Hütchen getroffen, darf kein weiterer Abschuss erfolgen, bevor ein regulärer Treffer erzielt wurde.
Bei einer nicht regulären „Zerstörung" einer Pylone mit Ball muss der betreffende Spieler diese wieder aufbauen.

Komplexere Abschlussspiele

Nach Abschuss aller Hütchen geht es mit einem „normalen" Spiel weiter.

Variationen:
- Auf dem Feld werden anstatt der Pylonen 6 kleine Tore mit ganz flachen Markierungshütchen aufgebaut. Die Breite der Tore beträgt etwa einen Meter. Bevor ein Tor erzielt werden darf, muss durch diese Tore ein Pass zu einem Mitspieler stattfinden.

- Alle Utensilien werden nun vom Platz entfernt. Ein Tor darf aber erst erzielt werden, nachdem ein „richtiger" Doppelpass gespielt wurde. D.h., der Doppelpass zählt nicht bei einem direkten Spiel auf kurzer Entfernung in der eigenen Hälfte ohne gegnerische Störung. Der Trainer/in gibt also bei einem zählbaren Doppelpass seine Zustimmung.

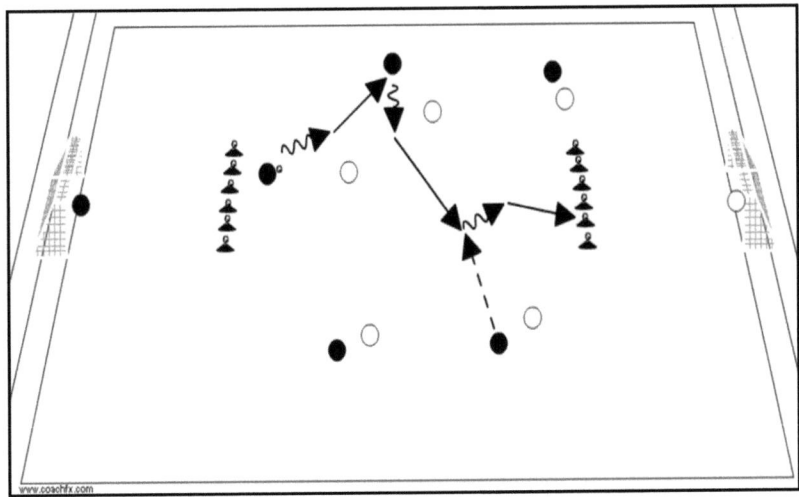

# Komplexere Abschlussspiele

Weitere Abschlussspiel

Spiel 1

Mehrere kleine Tore mit Pylonen werden in einer Spielfeldhälfte aufgebaut. Es spielen mindestens „6 gegen 6". Der Ball soll durch ein Tor gespielt werden, wobei ein Mitspieler diesen Ball hinter dem Tor annehmen muss, damit ein reguläres Tor erzielt wird. Die Spieldauer beträgt etwa 10 Minuten.

Der Trainer muss darauf achten, dass alle Spieler ständig in Bewegung sind, und nicht permanent hinter einem Tor auf das Anspiel warten.

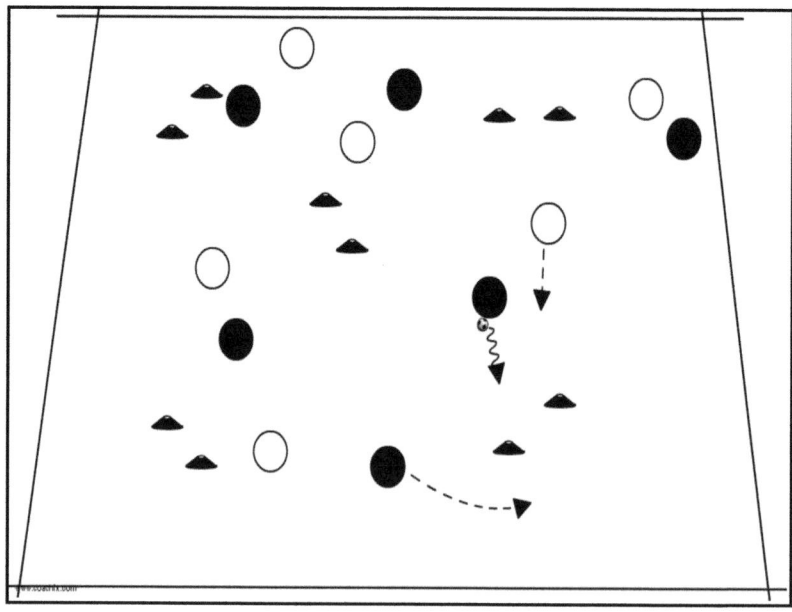

Komplexere Abschlussspiele

Spiel 2

In dem nächsten Abschlussspiel trainieren wir den Konter und das schnelle Umschalten von Abwehr auf Angriff.

Übungsaugbau:
Halbes Spielfeld (hier ist natürlich auch ein 6 gegen 5 oder 7 gegen 5 möglich). Ein Tor an der Grundlinie und 2 Hütchentore an der Mittellinie (siehe unten).

Übungsablauf:
Die Mannschaft in Überzahl muss nach 4 Pässen ohne Torerfolg den Ball an die gegnerische Mannschaft abgeben.
Hier sollen schnelle Pässe gespielt werden!!! Querpässe sollten vermieden werden, Rückpässe sind verboten.
Den Spielern muss hier das schnelle Umschalten von Abwehr auf Angriff klar gemacht werden.

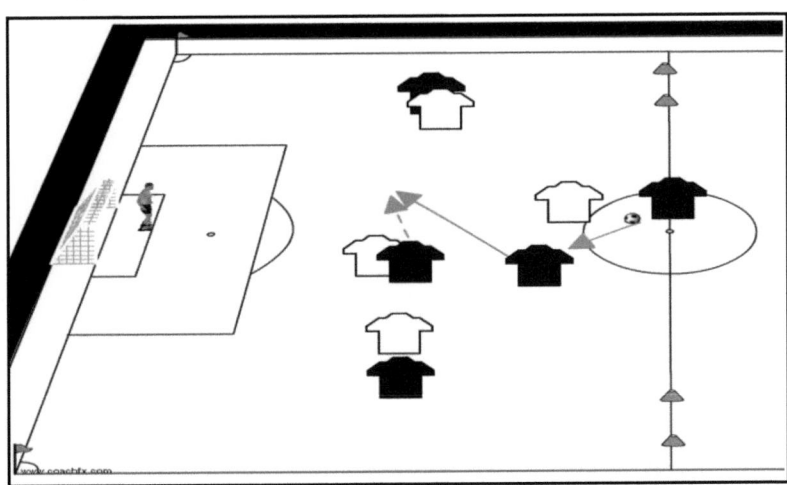

 # Komplexere Abschlussspiele

Spiel 3

Übungsaufbau:
- Ganzes Spielfeld
- 2 Teams mit jeweils 5-7 Spielern bilden
- Alle Spieler befinden sich in einer Hälfte, dessen Tor nicht besetzt ist.

Übungsablauf:
Die beiden Mannschaften spielen „auf Ballhalten" gegeneinander in einer Spielfeldhälfte.
Auf ein Trainerkommando versucht die Mannschaft in Ballbesitz einen schnellen Konter auf das mit einem Torwart besetzte Tor. Die andere Mannschaft versucht den Konter abzufangen.

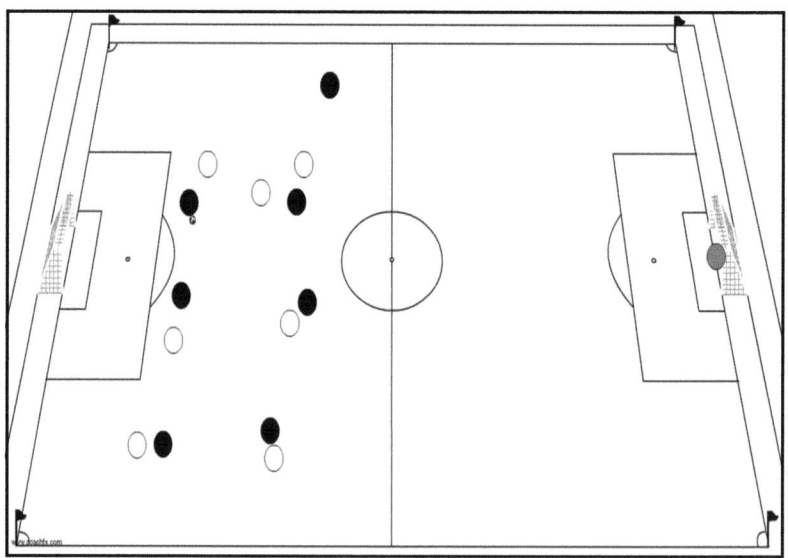

 # Komplexere Abschlussspiele

Nach dem Torschuss oder dem Abfangen des Konters beginnt das Spiel wieder in der Hälfte ohne Torwart.

Diese Übung kann auch in kleineren Gruppen absolviert werden, indem die rechte Spielfeldhälfte mit Hütchen verkleinert wird.

Spiel 4

Bei der nächsten Übung werden wieder zwei Mannschaften gebildet, die auf zwei große und besetzte Tore Spielen. Jede Mannschaft besitzt einen Flügelstürmer, der außerhalb des Spielfeldes mit Bällen stehen (siehe unten).
Der erste Außenstürmer dribbelt in Richtung Torauslinie und flankt hoch oder flach in den Strafraum.
Hierauf erfolgt ein normales freies Spiel, bis der Ball ins Aus oder ins Tor geschossen wird.

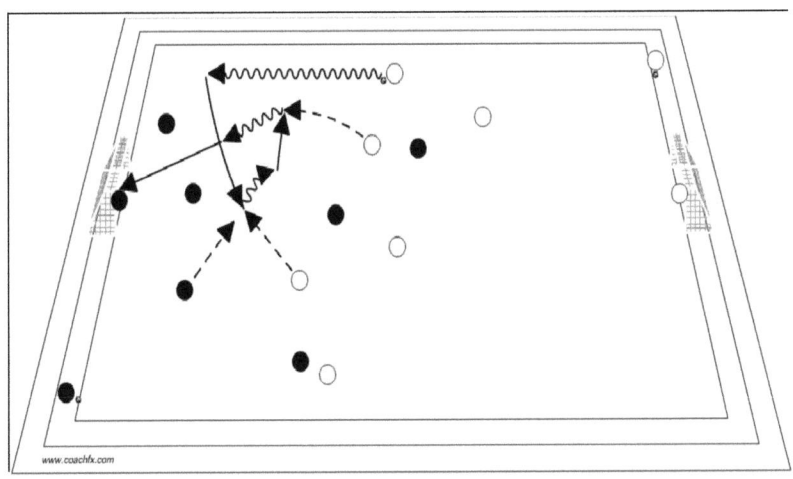

 **Komplexere Abschlussspiele**

Nun tritt der Flügelstürmer der gegnerischen Mannschaft mit der gleichen Aktion auf das andere Tor in Aktion usw.

Spiel 5

Es wird z.B. 7 gegen 5 auf zwei besetzte Tore gespielt. Die Mannschaft in Überzahl darf nur mit jeweils drei Ballkontakten spielen. Nach einigen Minuten bekommt die andere Mannschaft die Überzahl und maximal drei Ballkontakte zugesprochen.
Diese Übung ist sehr anspruchsvoll und sollte maximal 2 x 5 Minuten gespielt werden, bevor das „freie Spiel" an die Reihe kommt.

# Komplexere Abschlussspiele

Spiel 6

Auf einem Kleinfeld spielen zwei Mannschaften mit besetzten Toren gegeneinander. Die eine Mannschaft hat z.B. fünf Feldspieler, die andere aber nur vier. Erobert die Mannschaft in Überzahl den Ball, muss immer ein Rückpass erfolgen.
Der Mitspieler, der diesen Pass erhält, muss einen direkten Pass nach vorn spielen (nur so dürfen sie ein Tor schießen). D.h., wenn der Rückpass erfolgt, suchen die angreifenden Spieler sofort die „freien Räume". Es wird ohne Abseits gespielt.

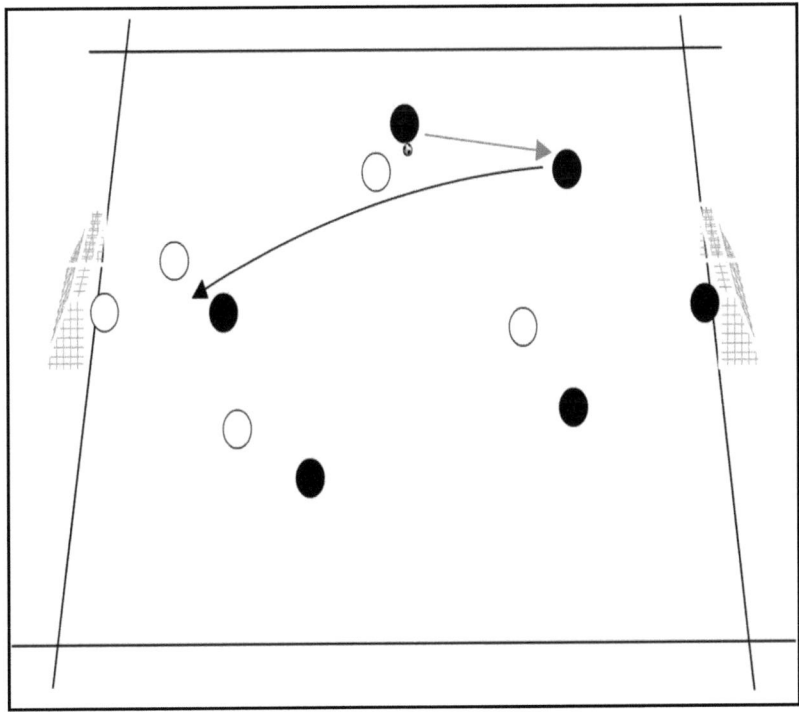

 # Komplexere Abschlussspiele

Spiel 7

Auf einem Kleinfeld mit besetzten Toren versuchen fünf Angreifer gegen drei Verteidiger ein Tor zu erzielen. Links und rechts neben dem Tor der Verteidiger steht noch jeweils ein Spieler (ein Spieler mit Ball).
Bei jeglichem Ballverlust (z.B. durch einen Ausball, Fehlpass, Torerfolg usw.) müssen zwei Stürmer den Platz verlassen.
Jetzt werden die drei Verteidiger zu Stürmern, und werden dabei von den beiden Spielern neben ihrem Tor sofort unterstützt. Diese beiden Mitspieler werden sofort zu Stürmern. Bei einem "Ausball" oder einem Tor, bringt einer dieser beiden Spieler einen Ball sofort mit ins Geschehen und leitet den Angriff ein. Bei einem Ballverlust der Angreifer, bei dem der Ball im Spiel bleibt, leiten die Verteidiger auf dem Feld den Angriff ein, die Spieler neben dem Tor stoßen sofort zu dem Überzahlangriff hinzu.
Wird hier wieder der Ball verloren oder mit einem Tor abgeschlossen, wechselt die angreifende Mannschaft. Sie wird wieder von zwei weiteren Spielern unterstützt, und die jetzt wieder verteidigende Mannschaft nimmt zwei Spieler vom Feld.
Es empfiehlt sich, hier mit drei „festen Verteidigern" zu spielen. Diese wechseln also permanent von Verteidigung auf Angriff und umgekehrt. Bei jedem Angriffswechsel wird die angreifende Mannschaft also von zwei "frischen" Stürmern ergänzt.

Komplexere Abschlussspiele

Hier wird nicht nur der Konter trainiert, sondern auch das schnelle Umschalten von Angriff auf Abwehr und die fußballspezifische Ausdauer.
Nach einer gewissen Zeit werden die drei Stammspieler jeder Mannschaft ausgetauscht.
Diese Übung macht allen Spielern erfahrungsgemäß sehr viel Spaß und beinhaltet einen enormen Lernprozess.

Variationen:
Die gleiche Übung kann auch mit drei Angreifern gegen zwei Verteidiger gespielt werden, bzw. auch in anderen Kombinationen wie 2 gegen 1.

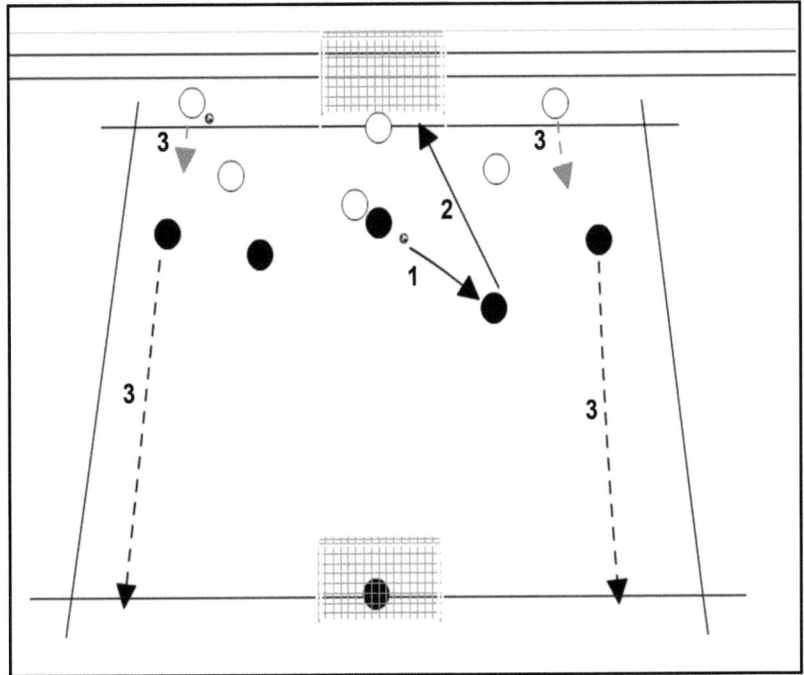

# Komplexere Abschlussspiele

Spiel 8

Eine Mannschaft spielt in Überzahl. Diese Mannschaft darf nur nach vorne spielen oder vorwärts dribbeln. Bei Missachtung dieser Regeln wechselt sofort der Ballbesitz. Die Mannschaft in Unterzahl weiß nun bei einem Ballverlust, dass der Gegner aggressiv nach vorne spielt, und sie damit blitzschnell von Angriff auf Abwehr umschalten muss.

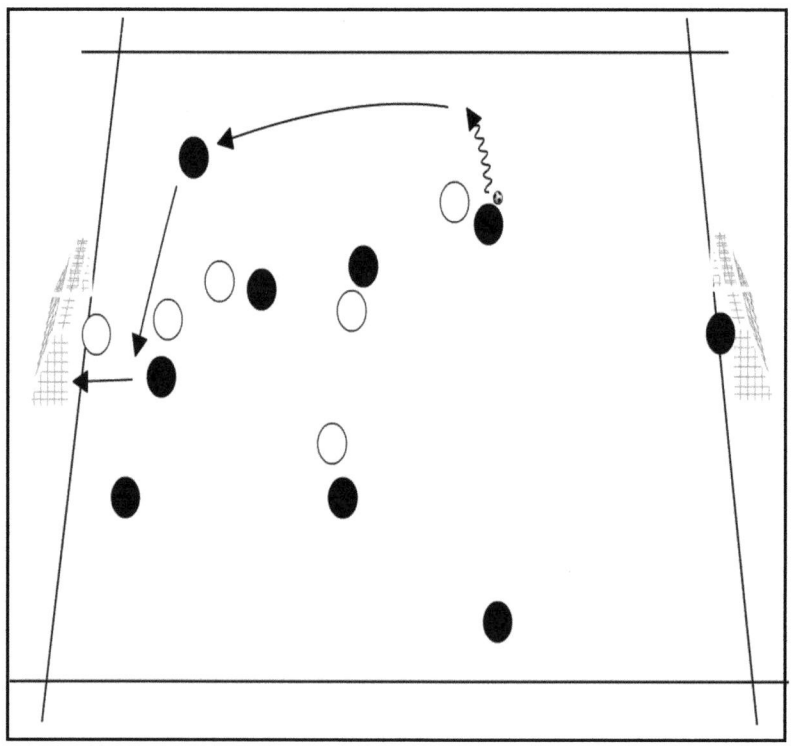

 # Komplexere Abschlussspiele

Bei dieser Form des Trainingsspiels darf eine Mannschaft nur ein Tor erzielen, wenn alle Mitspieler (außer Torwart) sich in der gegnerischen Hälfte befinden. Bei dieser Regel sind alle Spieler mehr oder weniger gezwungen, sich ins Angriffsspiel mit einzuschalten. Des Weiteren wird hier ganz unauffällig das Training der fußballspezifischen Ausdauer eingebaut (diese Art des Abschlussspiels wird natürlich nach einem harten Konditionstraining vermieden, ein Training in den Erschöpfungszustand oder sogar in ein permanentes Übertraining könnte die Folge sein).

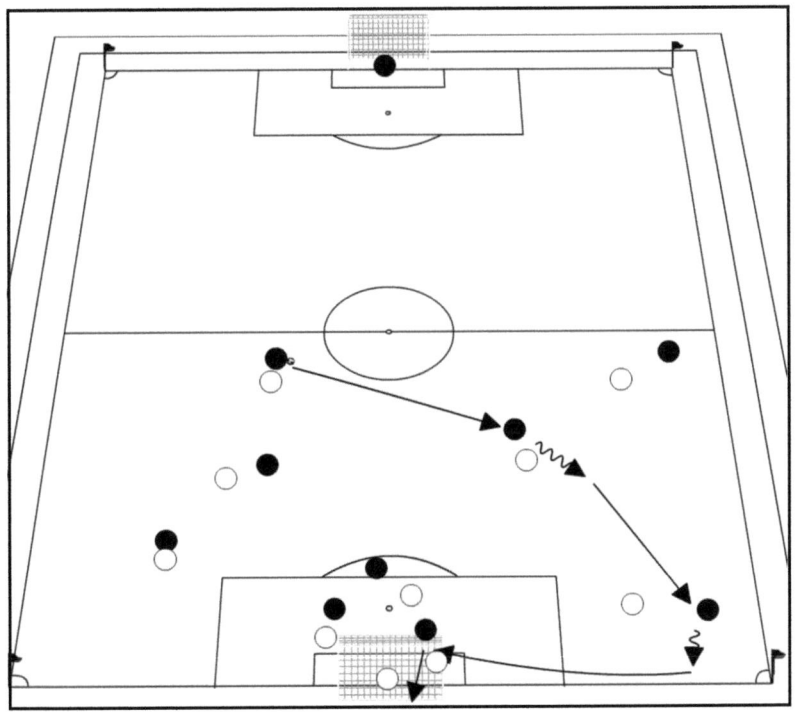

# Hochkomplexe Abschlussspielreihe

Fußballkicker im Großformat

Die folgende Übungsreihe geht Schritt für Schritt an die höchsten kognitiven, spielerischen und technischen Anforderungen der Spieler.
Stößt eine Mannschaft hier an die Grenzen ihrer Leistungsfähigkeit, wird die Übungsreihe nicht weiter gesteigert.
Die Übungsreihe kann auch schon bei D-Jugendlichen bis zu einem gewissen Grad eingesetzt werden. Sie vermittelt den jungen Spielern die Wichtigkeit von Positionswechsel, Direktspiel, Konterspiel und dem Nachteil von starren Spielpositionen (z.B. der Innenverteidiger bleibt hinten).

Übung 1

Eine Spielfeldhälfte mit zwei besetzten Toren wird quer in drei gleichgroße Felder unterteilt. D.h. für jede Mannschaft, die aus sieben bis zehn Spielern besteht, gibt es eine Abwehrzone, eine Mittelfeldzone und eine Angriffszone.
In jeder Zone befinden sich nun zwei bis drei Spieler. In der Abwehrzone sind es mit Torwart dann 3 bis vier Spieler.

Ablauf:
Es gelten nun folgende Regeln. Die Spieler dürfen ihre Zonen nicht verlassen, sondern nur den Ball in die nächste Zone passen (Kickerfußball). Der Ball darf auch über zwei Zonen gepasst werden. Auch ein Spiel über ein bis zwei Zonen zurück ist erlaubt.

 **Hochkomplexe Abschlussspielreihe**

Hier soll den Spielern vermittelt werden, wie nachteilig ein statisches Spiel und das Einhalten von Positionen ist.
Spieldauer: 5 bis 10 Minuten
Dies wird aber bei den folgenden Übungen noch stärker verdeutlicht.

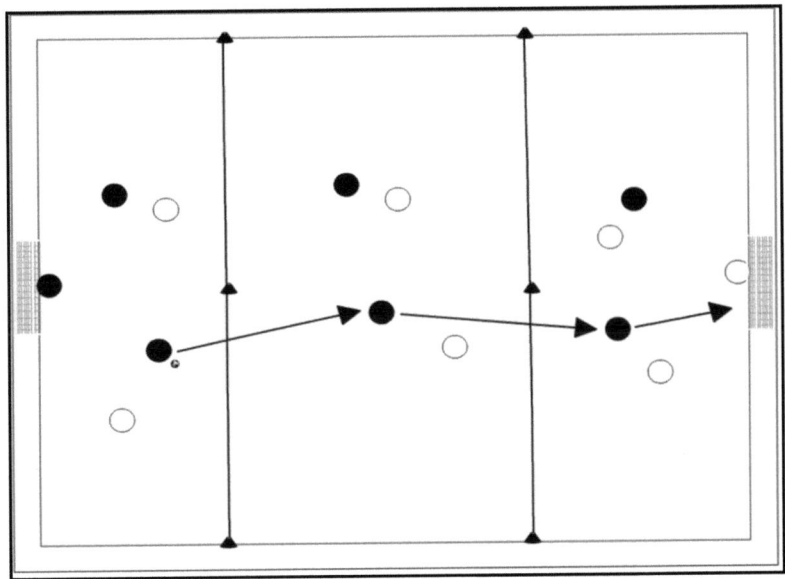

Variation 1:

Bei einer Mannschaft darf nun ein Spielmacher aus dem Mittelfeld in allen Zonen agieren. Die andere Mannschaft erkennt schnell, dass sie nun deutlich im Nachteil ist.
Spieldauer 5 bis 10 Minuten.

 # Hochkomplexe Abschlussspielreihe

Variation 2:

Bei einer Mannschaft (und nur bei einer) darf nun die gesamte mittlere Zone das gesamte Spielfeld benutzen. Alle anderen Spieler müssen ihre Zone einhalten. Jetzt erkennen beide Mannschaften schnell, was ein laufbereites Mittelfeld bewirkt.
Spieldauer 5 Minuten.

Variation 3:

Bei einer Mannschaft bleibt die Zonenpflicht, die andere darf sich komplett frei bewegen. Vorsichtig muss die "freie" Mannschaft allerdings sein, gespielt wird ohne Abseits. Eine Absicherung nach hinten ist nötig.
Spieldauer 5 Minuten.

Variation 4:

In einer Mannschaft darf sich nur das Mittelfeld zonenfrei bewegen. In der anderen Mannschaft dürfen sich alle Spieler frei bewegen.
Spieldauer 5 bis 10 Minuten.

Variation 5:

In beiden Mannschaften darf sich nur das Mittelfeld in allen Zonen aufhalten.
Spieldauer 5 bis 10 Minuten.

 **Hochkomplexe Abschlussspielreihe**

Variation 6:

Beide Mannschaften sind wieder an die drei Zonen gebunden. Allerdings hat eine Mannschaft in der Mittelfeldzone zwei Spieler mehr. Die Spieler in Überzahl dürfen in der Mittelfeldzone nur direkt spielen. Hier soll verdeutlicht werden, dass ein Direktspiel in Überzahl von hohem Nutzen ist.
Spieldauer 5 bis 10 Minuten.

Variation 7:

Die Zoneneinteilung bleibt, aber alle Spieler dürfen sich frei bewegen. Eine Mannschaft hat aber zwei bis drei Spieler mehr. Diese Mannschaft darf im Mittelfeld immer nur zwei Ballkontakte pro Spieler haben. Also entweder Ballannahme und abspielen oder direkt abspielen.
Spieldauer 5 bis 15 Minuten.

Variation 8:

Gleiche Übung wie oben, es wird aber im Mittelfeld nur direkt gespielt.
Spieldauer 5 bis 10 Minuten.

Variation 9:
Wie Variation 7, jetzt darf die Mannschaft in Überzahl auch in der Angriffszone nur noch mit zwei Ballkontakten agieren.
Spieldauer 5 Minuten.

 **Literaturverzeichnis**

Claßen, M. / Schnepper, W.:
Taktiktraining im Jugendfußball, BOD, 2011

Claßen, M. / Schnepper, W.:
Taktiktraining im Jugendfußball 2, BOD, 2012

Claßen, M. / Schnepper, W.:
Pressing mit System, BOD, 2012

Schnepper, W. / Claßen, M.
E-Jugend / D-Jugendtraining: effektive Übungen,
BOD, 2014

Schnepper, W. / Claßen, M.
D-Jugend / C-Jugendtraining:
30 komplette Trainingseinheiten,
BOD, 2016